초등
문해력 **한자
어휘가
답!**

2단계

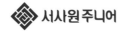
서사원주니어

들어가는 말

아이들과 교실에서 수업하다 보면 "선생님, 이 단어는 무슨 뜻이에요?"라는 '어휘' 질문을 가장 많이 받습니다. 어휘를 모르면 교과서 속 글 전체의 내용을 이해하지 못하고 어렵지 않은 글에도 지레 겁을 먹게 됩니다. 더 읽고 싶은 생각도 없어져 글 읽는 것 자체를 포기하기도 하지요.

글을 읽고 이해하는 힘, 즉 문해력의 기초 중 기초는 글을 이루고 있는 어휘를 아는 것입니다. 그런데 우리 어휘의 70퍼센트 가량은 한자어가 차지하고 있습니다. 기본 한자만 알고 있다면 새로운 어휘를 배우고 뜻을 유추하기가 훨씬 쉬워진다는 의미지요.

한자 어휘를 배우기 위해 한자를 열 번씩 따라 쓸 필요는 없습니다. 한자의 기본 뜻과 음만 배워도 새로운 어휘가 나왔을 때 어떤 뜻일지 유추할 수 있는 능력이 길러집니다. 한자를 위한 한자 공부가 아닌 우리 '어휘' 확장으로 이루어질 수 있는 한자 공부 방법을 알려 드리겠습니다.

초등 교사 박명선 드림

이 책의 특징

1. 한자를 한 번도 쓰지 않는 한자 책

평소 우리가 글을 읽을 때 한자를 그대로 읽거나 쓸 일은 거의 없습니다. 익숙하지 않은 한자를 쓰는 것보다 '천체'의 '천(天)'이 '하늘'과 관련된 뜻이라는 것을 알면 '천사', '천연', '천장'에 쓰이는 '천'이 모두 '하늘'과 관련된 어휘라는 것을 알 수 있습니다.

2. 꼬리에 꼬리를 무는 어휘 확장

한자 한 글자당 단어 4개와 각 단어별 파생 단어를 함께 배웁니다. '메 산(山)'에서 '등산' – '산촌' – '산맥'을 연결해서 배우는 것이지요. 단어들은 초등학교 교과서와 활용도 높은 실생활 어휘들 중 선별하였습니다. 한자 한 글자에 관련된 어휘 12개를 배우며 저절로 '어휘 확장'이 됩니다. 새로운 단어 '하산', '산천'을 만났을 때 겁내지 않고 뜻을 유추할 수 있다면 잘 공부한 것입니다.

3. 그림으로 만나고 퀴즈로 익히는 4단계 학습

1. 글자 만나기 – 2. 어휘 만나기 – 3. 뜻 익히기 – 4. 어휘 늘리기로 이어지는 흐름 속에서 자연스럽게 한자의 뜻과 음, 단어의 쓰임을 반복하여 익힙니다. 쉽고 발랄한 직관적인 구성으로 한자 어휘를 실생활과 학습에 자유자재로 사용할 수 있게 하는 구성입니다.

이렇게 활용하세요

▣ 3학년부터 6학년까지!

  2권은 초등학교 3, 4학년 학생이 학습할 수 있는 수준으로 구성되었습니다. 한글이 어느 정도 자리 잡은 초등학교 3학년은 교과 수의 증가로 급격히 늘어난 어휘 학습이 필요한 학년입니다. 어휘의 확장은 기본 뿌리인 한글이 탄탄하게 자리 잡은 상태에서 효과를 발휘합니다. 1, 2학년 친구들은 다양한 글을 통해 한글의 재미를 느끼고, 3학년 친구들은 순조로운 교과 이해와 독서를 위해 한자 어휘 공부를 시작하기 바랍니다. 1권은 3학년, 3권은 4, 5학년 이상의 학생을 대상으로 하고 있으나, 부족한 어휘를 보충하기 위해서는 누구나 1권부터 시작하기를 권합니다.

▣ 뜻과 음을 소리 내어 말하기

  하루 4쪽을 학습하는 동안 한자의 음에 ○표 하기, 뜻에 ○표 하기, 문장 속에서 단어 쓰기, 단어의 뜻 찾기 등의 활동으로 같은 한자의 뜻과 음을 여러번 반복하여 익힙니다. 단원이 끝나는 순간 입으로 저절로 '하늘 천'을 말하게 되는 것은 물론 '천사', '천체', '천연'의 '천'이 '하늘'을 뜻한다는 것을 알게 되지요. 다양한 단어 속 '천'이 '하늘'이라는 공통된 뜻을 가진다는 것을 알게 되면, 책에 나오지 않은 단어 속에서도 '하늘'의 뜻을 가진 '천'을 찾아보는 것은 어떨까요?

▣ 같은 소리, 다른 뜻 구별하기

  같은 '백'이지만 '희다'의 뜻을 가지는 '백'도 있고, '숫자'를 의미하는 '백'도 있습니다. 글을 읽고 어휘의 뜻을 유추할 때 '백'이라고 해서 무조건 '희다'가 아니라 앞뒤의 문맥과 상황에 따라 다를 수 있음을 경험해 봅니다. 유쾌한 상황 글에서 '백지장', '여백', '백설기', '백 점' 중 뜻이 다른 '백'을 찾는 활동을 통해 어휘 뜻을 유추할 수 있는 능력을 키울 수 있을 것입니다.

이 책의 구성

1 글자 만나기

단어들의 공통 글자에 ○표 하고, 빈칸에 큼직하게 쓰면서 오늘의 글자를 만나 보세요.

그림과 함께 한자 모양의 유래를 배우고 쓰임도 알아봅니다.

2 어휘 만나기

단어별 연계 어휘를 직관적으로 만나고, 강조 색으로 표시된 한자의 뜻에 유의하며 단어의 뜻을 알아봅니다.

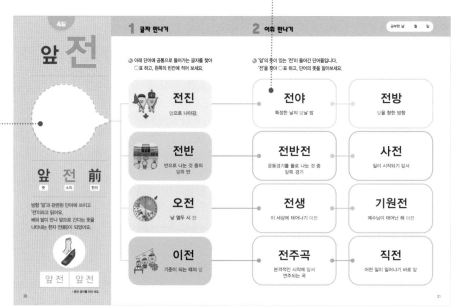

3 뜻 익히기

단어를 써 보고, 강조 색으로 표시된 한자의 뜻에 ○표 합니다. 표현 3개를 연결하여 문장을 완성하는 활동으로 단어 활용 능력도 키워 보세요.

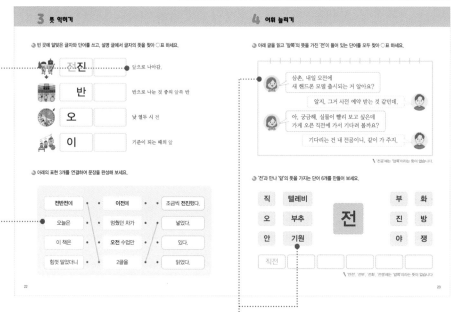

4 어휘 늘리기

재미있는 대화 글에서 뜻이 같은 한자가 쓰인 단어를 찾으며 언어 유추 능력을 키웁니다.

또한 다양한 어휘 확장 놀이로 1일차 학습을 마칩니다.

차 례

1. 이동

일차	한자 어휘	쪽수	공부한 날	내 사인
1일	**위 상** | 정상 이상 해상 상류	8	월 일	
2일	**아래 하** | 낙하 하류 이하 지하	12	월 일	
3일	**왼 좌** | 좌회전 좌측 좌우 좌충우돌	16	월 일	
4일	**앞 전** | 전진 전반 오전 이전	20	월 일	
5일	**뒤 후** | 후진 최후 후식 후배	24	월 일	
6일	**날 출** | 출발 배출 출산 출석	28	월 일	
7일	**들 입** | 입학 출입 입장 수입	32	월 일	
8일	**움직일 동** | 동물 동작 동영상 운동	36	월 일	

2. 자연

일차	한자 어휘	쪽수	공부한 날	내 사인
9일	**메 산** | 등산 산촌 산맥 산림	42	월 일	
10일	**하늘 천** | 천체 천사 천연 천장	46	월 일	
11일	**땅 지** | 지진 지도 지명 지형	50	월 일	
12일	**바다 해** | 항해 해수욕 해산물 해외	54	월 일	
13일	**풀 초** | 초원 초시 초가진 야초	58	월 일	
14일	**꽃 화** | 화분 생화 국화 화단	62	월 일	
15일	**평평할 평** | 평야 공평 수평 평범	66	월 일	
16일	**바람 풍** | 선풍기 풍차 풍력 태풍	70	월 일	
17일	**돌 석** | 자석 구석기 화석 석탑	74	월 일	

차례

3. 비교

일차	한자 어휘	쪽수	공부한 날	내 사인
18일	**있을 유** ┃ 소유 고유 유효 유익	80	월 일	
19일	**아닐 불** ┃ 불가능 불안 불편 불만	84	월 일	
20일	**큰 대** ┃ 확대 대회 대중 대학교	88	월 일	
21일	**작을 소** ┃ 소수 소아 소형 소품	92	월 일	
22일	**길 장** ┃ 장점 장기 교장 연장	96	월 일	
23일	**짧을 단** ┃ 단점 단기 단편 단축	100	월 일	
24일	**많을 다** ┃ 다문화 다양 다수 다정	104	월 일	
25일	**한가지 동** ┃ 협동 동지 동점 동의	108	월 일	

4. 색

일차	한자 어휘	쪽수	공부한 날	내 사인
26일	**빛 색** ┃ 색종이 색연필 색칠 색상	114	월 일	
27일	**빛 광** ┃ 후광 광복 관광 광택	118	월 일	
28일	**흰 백** ┃ 공백 백지 백설 백로	122	월 일	
29일	**푸를 청** ┃ 청자 청춘 청바지 청동	126	월 일	
30일	**누를 황** ┃ 황사 황토 주황 황도	130	월 일	

이동

다음 글자가 들어가는 단어에는 무엇이 있을까요?
또박또박 읽으면서 떠올려 보세요.

위상　　아래하　　왼좌

앞전　　뒤후

날줄　　들입　　움직일동

위 상

상

위 상 上

| 뜻 | 소리 | 한자 |

방향 '위'와 관련된 단어에 쓰이고
'상'이라고 읽어요.
한자 상(上)은 땅 위의 하늘을 가리키는
모습을 닮았어요.

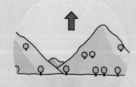

| 위 상 | 위 상 |

• 흐린 글자를 따라 써요.

1 글자 만나기

💧 아래 단어에 공통으로 들어가는 글자를 찾아
○표 하고, 왼쪽의 흐린 글자를 따라 써 보세요.

정상

산이나 어떤 것의
가장 위

이상

기준보다 앞이나 위

해상

바다 위

상류

흐르는 강이나
냇물의 윗부분

📎 '위'의 뜻이 있는 '상'이 들어간 단어들입니다.
   '상'을 찾아 ○표 하고, 단어의 뜻을 알아보세요.

옥상
지붕 위

최상
수준이나 등급의 맨 위

상승
낮은 데서 위로 올라감.

인상
물건 값, 요금이 오름.

수상
물 위

육상
땅 위

상수원
물이 흘러나오는 가장 위쪽

상류층
생활 수준이 높은 사람들

🖐 빈 곳에 알맞은 글자와 단어를 쓰고, 설명 글에서 글자의 뜻을 찾아 ○표 하세요.

정상		산이나 어떤 것의 가장 ⑭
이		기준보다 앞이나 위
해		바다 위
류		흐르는 강이나 냇물의 윗부분

🖐 아래의 표현 3개를 연결하여 문장을 완성해 보세요.

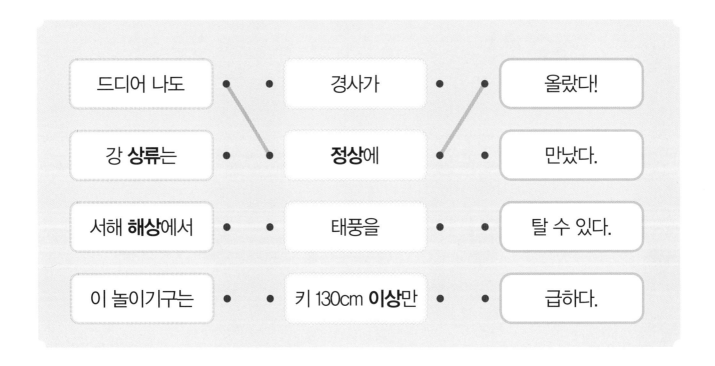

드디어 나도 •	• 경사가	• 올랐다!
강 **상류**는 •	• **정상**에	• 만났다.
서해 **해상**에서 •	• 태풍을	• 탈 수 있다.
이 놀이기구는 •	• 키 130cm **이상**만	• 급하다.

4 어휘 늘리기

🥄 아래 글을 읽고 '위'의 뜻을 가진 '상'이 들어 있는 단어를 모두 찾아 ◯표 하세요.

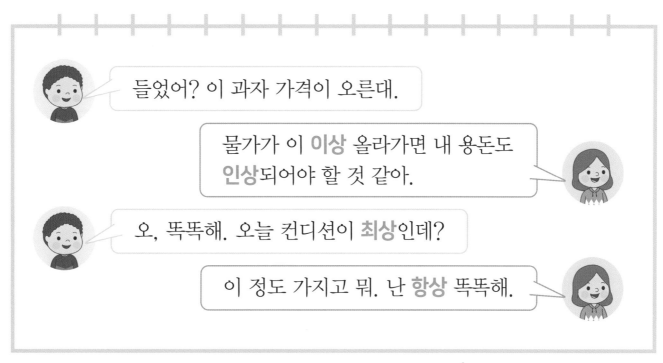

들었어? 이 과자 가격이 오른대.

물가가 이 **이상** 올라가면 내 용돈도 **인상**되어야 할 것 같아.

오, 똑똑해. 오늘 컨디션이 **최상**인데?

이 정도 가지고 뭐. 난 **항상** 똑똑해.

✏️ '항상'에는 '위'라는 뜻이 없습니다.

🥄 아래에서 '위'의 뜻을 가진 단어 5개를 골라 접시와 연결해 주세요.

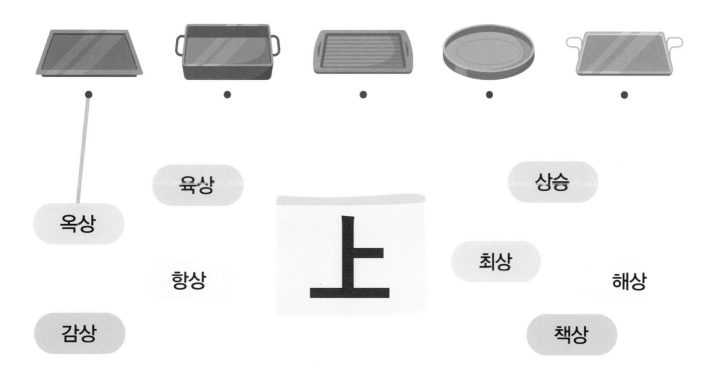

옥상　육상　상승
항상　上　최상　해상
감상　책상

아래 하

아래 하 下

뜻 소리 한자

방향 '아래'와 관련된 단어에 쓰이고
'하'라고 읽어요.
한자 하(下)는 땅 아래를 가리키는
모습을 닮았어요.

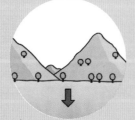

| 아래 하 | 아래 하 |

• 흐린 글자를 따라 써요.

1 글자 만나기

✍ 아래 단어에 공통으로 들어가는 글자를 찾아
○표 하고, 왼쪽의 빈칸에 적어 보세요.

낙하

높은 곳에서
아래로 떨어짐.

하류

흐르는 강이나
냇물의 아래 부분

이하

기준보다 적거나
아래

지하

땅 아래

💧 '아래'의 뜻이 있는 '하'가 들어간 단어들입니다.
'하'를 찾아 ○표 하고, 단어의 뜻을 알아보세요.

하강

높은 곳에서 아래로 내려옴.

낙하산

하늘에서 사람이나 물건이
천천히 아래로 내려오도록 만든 기구

하체

사람의 몸이나 물체의 아래 부분

하위

낮은 위치나 지위

영하

온도계에서 눈금이
0도 아래인 온도

하락

값이나 가치가 내려감.

하차

타고 있던 차에서 내림.

지하철

땅 아래에 설치한 철도

🖊 빈 곳에 알맞은 글자와 단어를 쓰고, 설명 글에서 글자의 뜻을 찾아 ○표 하세요.

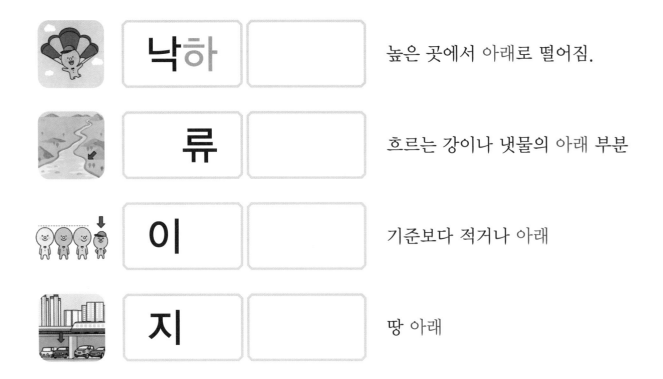

		설명
낙하		높은 곳에서 아래로 떨어짐.
류		흐르는 강이나 냇물의 아래 부분
이		기준보다 적거나 아래
지		땅 아래

🖊 아래의 표현 3개를 연결하여 문장을 완성해 보세요.

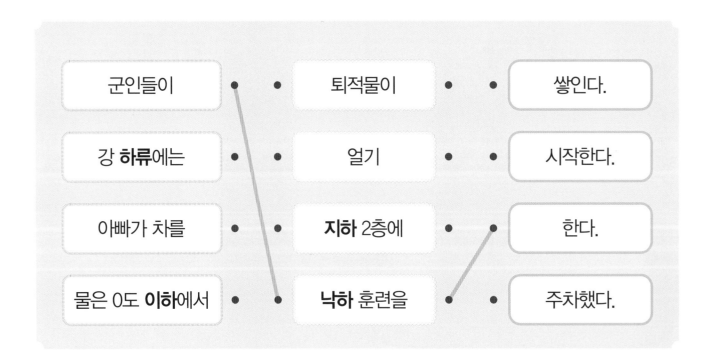

군인들이	퇴적물이	쌓인다.
강 **하류**에는	얼기	시작한다.
아빠가 차를	**지하** 2층에	한다.
물은 0도 **이하**에서	**낙하** 훈련을	주차했다.

14

🖐 아래 글을 읽고 '아래'의 뜻을 가진 '하'가 들어 있는 단어를 모두 찾아 ○표 하세요.

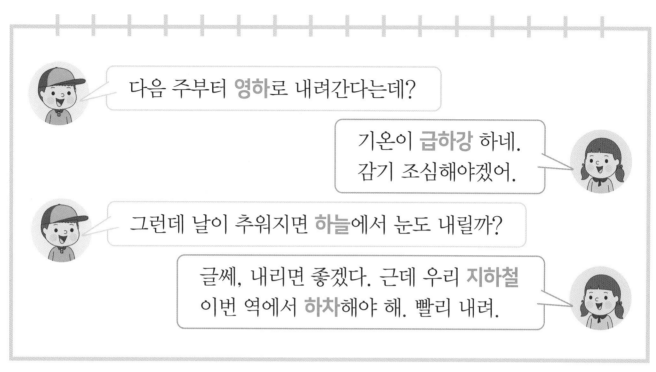

다음 주부터 **영하**로 내려간다는데?

기온이 **급하강** 하네.
감기 조심해야겠어.

그런데 날이 추워지면 **하늘**에서 눈도 내릴까?

글쎄, 내리면 좋겠다. 근데 우리 **지하철**
이번 역에서 **하차**해야 해. 빨리 내려.

✏️ '하늘'은 순우리말입니다.

🖐 아래에서 '아래'의 뜻을 가진 단어 5개를 골라 접시와 연결해 주세요.

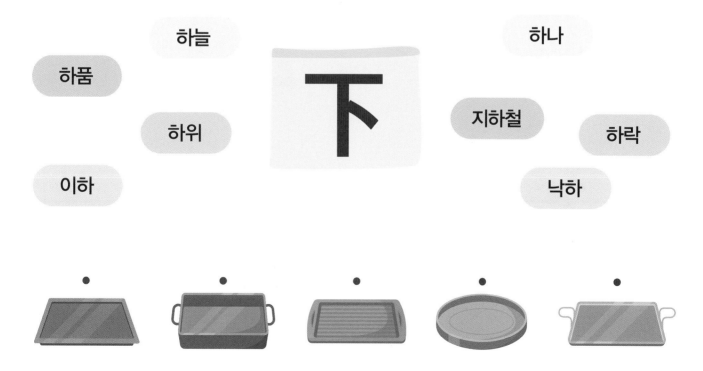

하늘

하나

하품

하위

ㅜ

지하철

하락

이하

낙하

왼 좌

왼 좌 左

뜻	소리	한자

방향 '왼쪽'과 관련된 단어에 쓰이고
'좌'라고 읽어요.
왼손에 공구를 쥐고 있는 모습에서
한자 좌(左)가 되었어요.

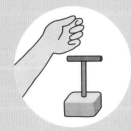

왼 좌	왼 좌

• 흐린 글자를 따라 써요.

1 글자 만나기

👋 아래 단어에 공통으로 들어가는 글자를 찾아
○표 하고, 왼쪽의 빈칸에 적어 보세요.

좌회전

차 따위가
왼쪽으로 돎.

좌측

왼쪽

좌우

왼쪽과 오른쪽

좌충우돌

왼쪽에서 치이고
오른쪽에서 부딪히는
정신없는 상태

🖊 '왼쪽'의 뜻이 있는 '좌'가 들어간 단어들입니다.
'좌'를 찾아 ○표 하고, 단어의 뜻을 알아보세요.

좌뇌
뇌의 왼쪽 부분

좌향좌
왼쪽으로 90도 도는 동작

좌측면
왼쪽 면

좌측통행
길을 갈 때 왼쪽으로 감.

좌지우지
왼쪽으로 갔다 오른쪽으로 갔다
마음대로 휘두름.

좌우지간
왼쪽이든 오른쪽이든 어떻든 간

우왕좌왕
왼쪽으로 갔다 오른쪽으로 갔다,
방향을 종잡지 못함.

전후좌우
앞과 뒤, 왼쪽과 오른쪽,
사방을 뜻함.

🌀 빈 곳에 알맞은 글자와 단어를 쓰고, 설명 글에서 글자의 뜻을 찾아 ○표 하세요.

	좌회전		차 따위가 왼쪽으로 돎.
	측		왼쪽
	우		왼쪽과 오른쪽
	충우돌		왼쪽에서 치이고 오른쪽에서 부딪히는 정신없는 상태

🌀 아래의 표현 3개를 연결하여 문장을 완성해 보세요.

이 건물 모퉁이에서	•	•	스피커가	•	•	적응하겠지.
무대 **좌측**에	•	•	**좌회전**	•	•	놓여 있다.
길 건너기 전	•	•	**좌충우돌**이지만 곧	•	•	살피세요.
새 학년은	•	•	**좌우**를	•	•	하세요.

4 어휘 늘리기

✏️ 아래 글을 읽고 '왼쪽'의 뜻을 가진 '좌'가 들어 있는 단어를 모두 찾아 ◯표 하세요.

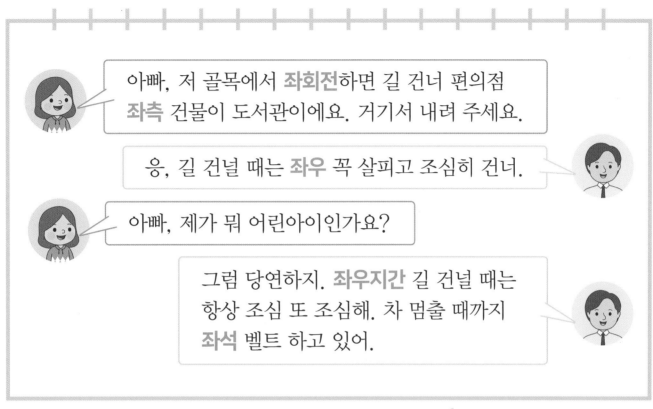

아빠, 저 골목에서 **좌회전**하면 길 건너 편의점 **좌측** 건물이 도서관이에요. 거기서 내려 주세요.

응, 길 건널 때는 **좌우** 꼭 살피고 조심히 건너.

아빠, 제가 뭐 어린아이인가요?

그럼 당연하지. **좌우지간** 길 건널 때는 항상 조심 또 조심해. 차 멈출 때까지 **좌석** 벨트 하고 있어.

✏️ '좌석'의 '좌'는 '자리'라는 뜻입니다.

✏️ '좌'는 '자리'의 뜻을 가진 경우도 있어요. 아래의 단어를 맞는 뜻과 연결해 보세요.

| 좌회전 | 좌석 | 좌석버스 | 좌우지간 | 우왕좌왕 |

| 왼 좌 | | 자리 좌 |

앞 전

앞 전 前
뜻 · 소리 · 한자

방향 '앞'과 관련된 단어에 쓰이고
'전'이라고 읽어요.
배와 발이 만나 앞으로 간다는 뜻을
나타내는 한자 전(前)이 되었어요.

앞 전	앞 전

· 흐린 글자를 따라 써요.

1 글자 만나기

🖌 아래 단어에 공통으로 들어가는 글자를 찾아
〇표 하고, 왼쪽의 빈칸에 적어 보세요.

전진
앞으로 나아감.

전반
반으로 나눈 것 중의
앞쪽 반

오전
낮 열두 시 전

이전
기준이 되는 때의 앞

'앞'의 뜻이 있는 '전'이 들어간 단어들입니다.
'전'을 찾아 ◯표 하고, 단어의 뜻을 알아보세요.

전야

특정한 날의 앞날 밤

전방

앞을 향한 방향

전반전

운동경기를 둘로 나눈 것 중
앞쪽 경기

사전

일이 시작되기 앞서

전생

이 세상에 태어나기 이전

기원전

예수님이 태어난 해 이전

전주곡

본격적인 시작에 앞서
연주되는 곡

직전

어떤 일이 일어나기 바로 앞

🔵 빈 곳에 알맞은 글자와 단어를 쓰고, 설명 글에서 글자의 뜻을 찾아 ○표 하세요.

	전진		앞으로 나아감.
	반		반으로 나눈 것 중의 앞쪽 반
	오		낮 열두 시 전
	이		기준이 되는 때의 앞

🔵 아래의 표현 3개를 연결하여 문장을 완성해 보세요.

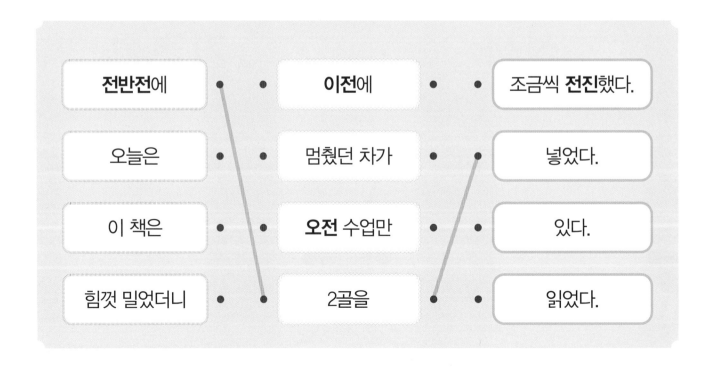

전반전에	**이전**에	조금씩 **전진**했다.
오늘은	멈췄던 차가	넣었다.
이 책은	**오전** 수업만	있다.
힘껏 밀었더니	2골을	읽었다.

💭 아래 글을 읽고 '앞쪽'의 뜻을 가진 '전'이 들어 있는 단어를 모두 찾아 ○표 하세요.

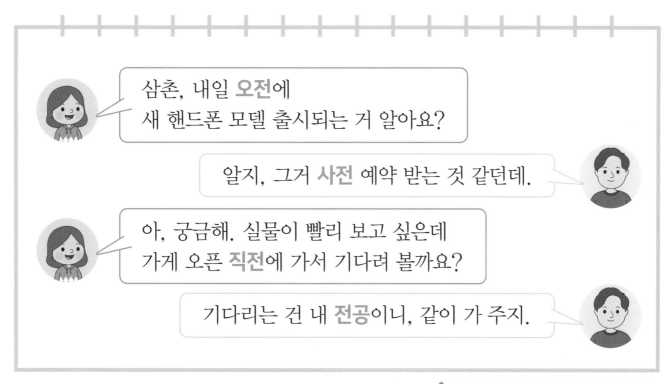

삼촌, 내일 **오전**에
새 핸드폰 모델 출시되는 거 알아요?

알지, 그거 **사전** 예약 받는 것 같던데.

아, 궁금해. 실물이 빨리 보고 싶은데
가게 오픈 **직전**에 가서 기다려 볼까요?

기다리는 건 내 **전공**이니, 같이 가 주지.

✏ '전공'에는 '앞쪽'이라는 뜻이 없습니다.

💭 '전'과 만나 '앞'의 뜻을 가지는 단어 6개를 만들어 보세요.

직	텔레비		부	화
오	부추	**전**	진	방
안	기원		야	쟁

직전					

✏ '안전', '전부', '전화', '전쟁'에는 '앞쪽'이라는 뜻이 없습니다.

뒤 후

뒤 후 後

뜻 소리 한자

방향 '뒤'와 관련된 단어에 쓰이고
'후'라고 읽어요.
족쇄를 찬 노예가 뒤따라가는 모습에서
한자 후(後)가 되었어요.

뒤 후	뒤 후

• 흐린 글자를 따라 써요.

1 글자 만나기

💧 아래 단어에 공통으로 들어가는 글자를 찾아
○표 하고, 왼쪽의 빈칸에 적어 보세요.

후진

움직여서
뒤쪽으로 감.

최후

맨 마지막

후식

식사 뒤에 먹는
간단한 음식

후배

같은 분야에서 나보다
뒤에 시작한 사람

🖊️ '뒤'의 뜻이 있는 '후'가 들어간 단어들입니다.
'후'를 찾아 ○표 하고, 단어의 뜻을 알아보세요.

후퇴

뒤로 물러남.

후회

이전의 잘못을 뒤늦게 뉘우침.

이후

기준이 되는 때의 뒤

직후

어떤 일이 있고 난 바로 뒤

후기

본문 뒤에 덧붙이는 글

후렴

노래 뒷부분에 반복되는 가사

후손

여러 세대 지난 뒤의 자녀

후세

다음 세대의 사람들

공부한 날: 월   일

🌀 빈 곳에 알맞은 글자와 단어를 쓰고, 설명 글에서 글자의 뜻을 찾아 ○표 하세요.

후진	움직여서 뒤쪽으로 감.
최	맨 마지막
식	식사 뒤에 먹는 간단한 음식
배	같은 분야에서 나보다 뒤에 시작한 사람

🌀 아래의 표현 3개를 연결하여 문장을 완성해 보세요.

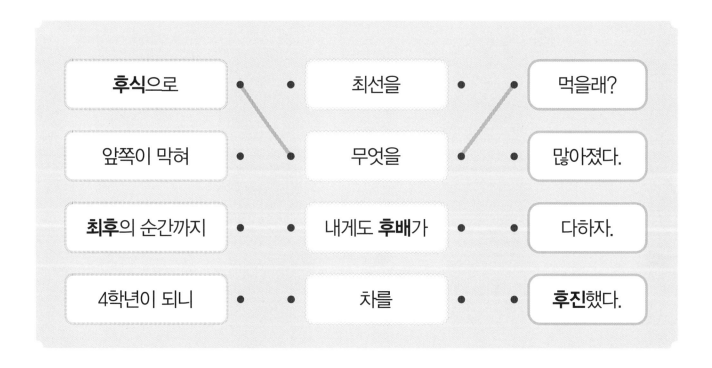

후식으로	최선을	먹을래?
앞쪽이 막혀	무엇을	많아졌다.
최후의 순간까지	내게도 **후배**가	다하자.
4학년이 되니	차를	**후진**했다.

4 어휘 늘리기

📖 아래 글을 읽고 '뒤쪽'의 뜻을 가진 '후'가 들어 있는 단어를 모두 찾아 ○표 하세요.

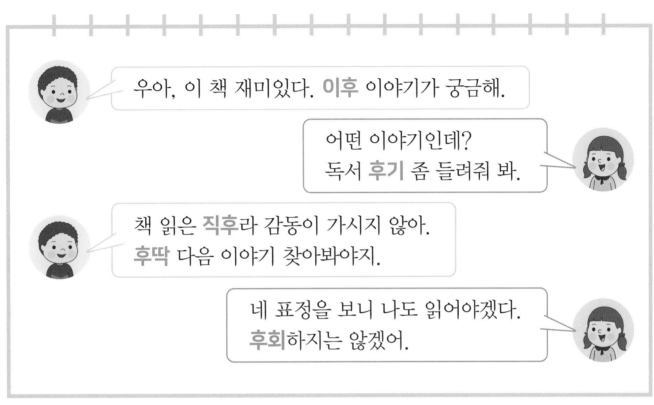

우아, 이 책 재미있다. **이후** 이야기가 궁금해.

어떤 이야기인데?
독서 **후기** 좀 들려줘 봐.

책 읽은 **직후**라 감동이 가시지 않아.
후딱 다음 이야기 찾아봐야지.

네 표정을 보니 나도 읽어야겠다.
후회하지는 않겠어.

✏️ '후딱'은 순우리말입니다.

📖 '후, 후, 후 자로 시작하는 말은?' 노래에 맞춰 단어를 말하고 써 보세요.

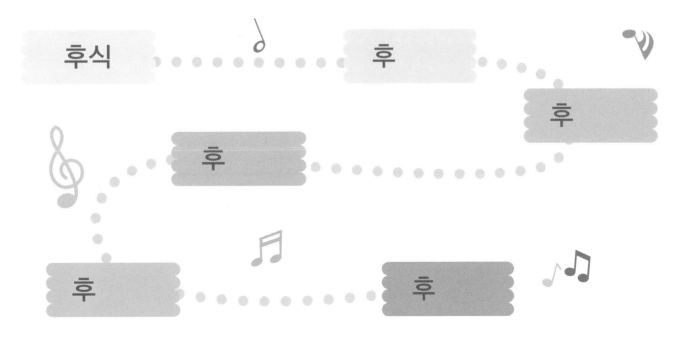

후식

후

후

후

후

후

날 출

날	출	出
뜻	소리	한자

'나가다', '태어나다'와 관련된 단어에
쓰이고 '출'이라고 읽어요.
한자 출(出)은 사람의 발이 입구를
벗어나는 모습 같아요.

날 출	날 출

• 흐린 글자를 따라 써요

1 글자 만나기

✍ 아래 단어에 공통으로 들어가는 글자를 찾아
○표 하고, 왼쪽의 빈칸에 적어 보세요.

출발

어떤 곳을 향하여
나아감.

배출

안에 있는 것을
밖으로 내보냄.

출산

아이를 낳음.

출석

어떤 자리에
나아가 참석함.

'나가다', '태어나다'의 뜻이 있는 '출'이 들어간 단어들입니다.
'출'을 찾아 ○표 하고, 단어의 뜻을 알아보세요.

출발점

처음 시작되는 지점

출발선

시작하는 곳

분출

세차게 쏟아져 나옴.

탈출

어떤 상황에서 빠져나옴.

출생

세상에 나옴.

저출산

아이를 적게 낳음.

유출

밖으로 흘러 나감.

출처

말이나 사물이 나온 곳

✍ 빈 곳에 알맞은 글자와 단어를 쓰고, 설명 글에서 글자의 뜻을 찾아 ○표 하세요.

출**발**		어떤 곳을 향하여 나아감.
배		안에 있는 것을 밖으로 내보냄.
산		아이를 낳음.
석		어떤 자리에 나아가 참석함.

✍ 아래의 표현 3개를 연결하여 문장을 완성해 보세요.

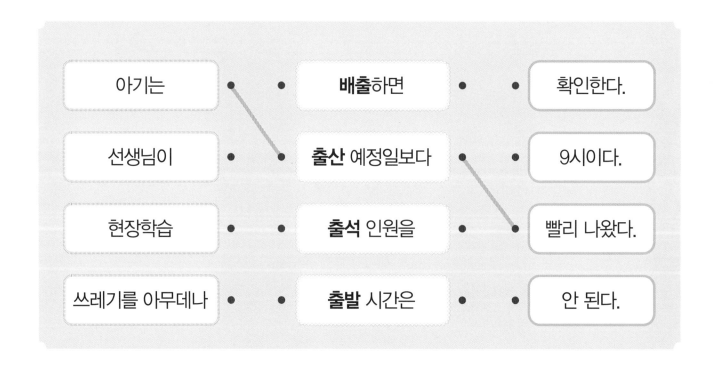

아기는	**배출**하면	확인한다.
선생님이	**출산** 예정일보다	9시이다.
현장학습	**출석** 인원을	빨리 나왔다.
쓰레기를 아무데나	**출발** 시간은	안 된다.

🖐 아래 글을 읽고 '나가다', '태어나다'의 뜻을 가진 '출'이 들어 있는 단어를 모두 찾아 ○표 하세요.

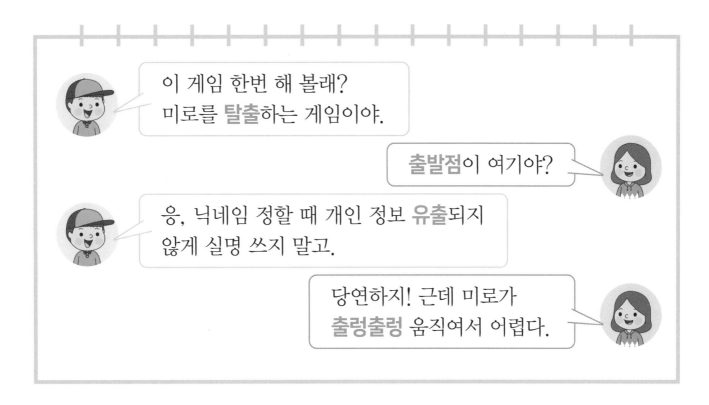

이 게임 한번 해 볼래?
미로를 **탈출**하는 게임이야.

출발점이 여기야?

응, 닉네임 정할 때 개인 정보 **유출**되지
않게 실명 쓰지 말고.

당연하지! 근데 미로가
출렁출렁 움직여서 어렵다.

🖐 사다리를 내려가 '나가다', '태어나다'의 뜻을 가진 단어를 모두 찾아 ○표 하세요.

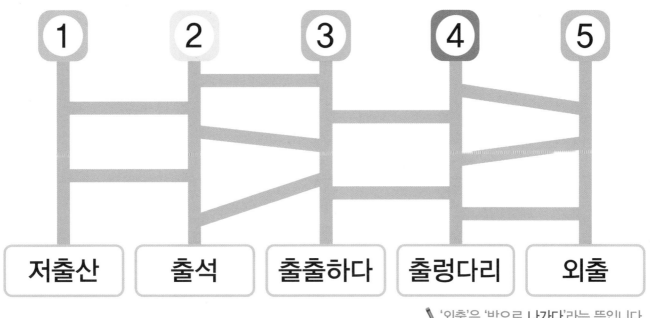

1	2	3	4	5
저출산	출석	출출하다	출렁다리	외출

✏ '외출'은 '밖으로 나가다'라는 뜻입니다.

들입

들	입	入
뜻	소리	한자

'들이다'와 관련된 단어에 쓰이고
'입'이라고 읽어요.
한자 입(入)은 뾰족하게 다듬은
나무를 끼워 맞추는 모습을 닮았어요.

들입 | 들입

• 흐린 글자를 따라 써요.

1 글자 만나기

아래 단어에 공통으로 들어가는 글자를 찾아
○표 하고, 왼쪽의 빈칸에 적어 보세요.

입학
학교에 들어감.

출입
어떤 곳을 들어가고
나옴.

입장
장소 안으로 들어감.

수입
다른 나라로부터
들여옴.

🌀 '들이다'의 뜻이 있는 '입'이 들어간 단어들입니다.
'입'을 찾아 ○표 하고, 단어의 뜻을 알아보세요.

입학식

학교에 입학할 때 하는 행사

입학생

공부하기 위해 학교에
입학하는 사람

출입문

들어가고 나오는 문

출입증

들어가고 나오는 것을
허락하는 증표

입장료

장소에 들어가기 위해 내는 요금

입구

안으로 들어갈 수 있는 문

도입

지식이나 기술을 들여옴.

침입

침범하여 들어가거나 들어옴.

◎ 빈 곳에 알맞은 글자와 단어를 쓰고, 설명 글에서 글자의 뜻을 찾아 ○표 하세요.

입학		학교에 들어감.
출		어떤 곳을 들어가고 나옴.
장		장소 안으로 들어감.
수		다른 나라로부터 들여옴.

◎ 아래의 표현 3개를 연결하여 문장을 완성해 보세요.

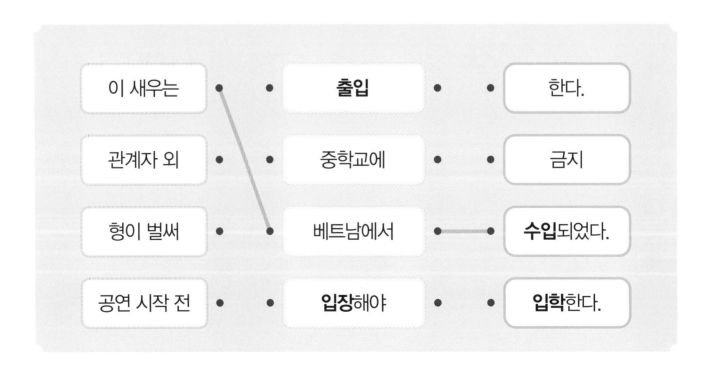

이 새우는	**출입**	한다.
관계자 외	중학교에	금지
형이 벌써	베트남에서	**수입**되었다.
공연 시작 전	**입장**해야	**입학**한다.

34

💫 아래 글을 읽고 '들이다'의 뜻을 가진 '입'이 들어 있는 단어를 모두 찾아 ◯표 하세요.

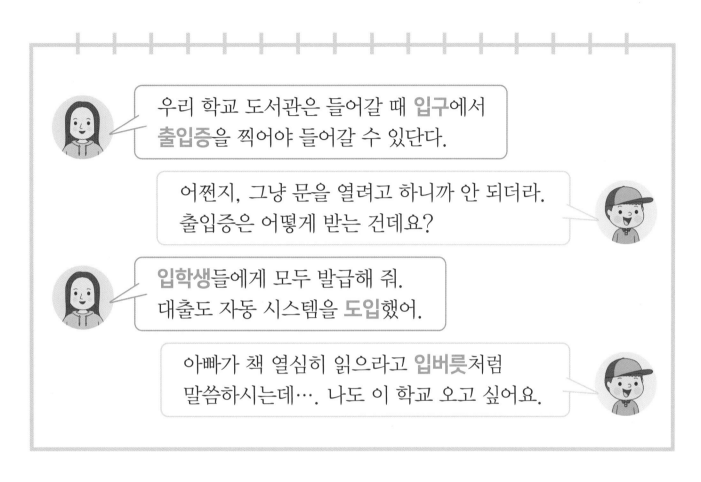

우리 학교 도서관은 들어갈 때 **입구**에서 **출입증**을 찍어야 들어갈 수 있단다.

어쩐지, 그냥 문을 열려고 하니까 안 되더라. 출입증은 어떻게 받는 건데요?

입학생들에게 모두 발급해 줘. 대출도 자동 시스템을 **도입**했어.

아빠가 책 열심히 읽으라고 **입버릇**처럼 말씀하시는데…. 나도 이 학교 오고 싶어요.

💫 '들이다', '들어가다'의 뜻이 있는 단어를 찾아 문에 연결해 주세요.

출입증

입학생

입술

수입품

입장료

입맛

움직일 동

움직일 **동** 動
뜻　　　소리　　　한자

'움직이다'와 관련된 단어에 쓰이고
'동'이라고 읽어요. 무거운 보따리를
옮기려고 힘쓰는 모습에서 한자 동(動)이
되었어요.

| 움직일 동 | 움직일 동 |

• 흐린 글자를 따라 써요.

---

1 글자 만나기

아래 단어에 공통으로 들어가는 글자를 찾아
○표 하고, 왼쪽의 빈칸에 적어 보세요.

동물
자유롭게 몸을
움직일 수 있는 생물

동작
몸이나 손발 등을
움직임.

동영상
움직이는 화면

운동
건강을 위하여 몸을
움직이는 일

🌀 '움직이다'의 뜻이 있는 '동'이 들어간 단어들입니다.
'동'을 찾아 ○표 하고, 단어의 뜻을 알아보세요.

반려동물

사람이 의지하며 가까이
기르는 동물

야생동물

산이나 들에서 나고 자라는 동물

활동

몸을 움직여 행동함.

이동

움직여 옮김.

진동

흔들려 움직임.

수동

사람 손의 힘으로 움직임.

행동

몸을 움직여 동작을 하거나
어떤 일을 함.

노동

몸을 움직여 일함.

3 뜻 익히기

💧 빈 곳에 알맞은 글자와 단어를 쓰고, 설명 글에서 글자의 뜻을 찾아 ○표 하세요.

그림	글자	빈칸	설명
	동물		자유롭게 몸을 움직일 수 있는 생물
	작		몸이나 손발 등을 움직임.
	영상		움직이는 화면
	운		건강을 위하여 몸을 움직이는 일

💧 아래의 표현 3개를 연결하여 문장을 완성해 보세요.

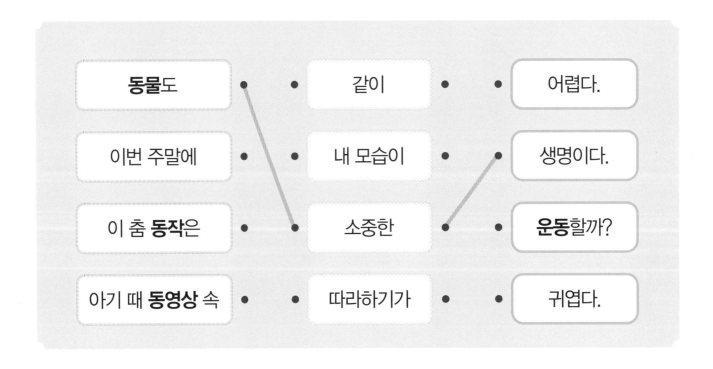

동물도	같이	어렵다.
이번 주말에	내 모습이	생명이다.
이 춤 동작은	소중한	운동할까?
아기 때 동영상 속	따라하기가	귀엽다.

👏 아래 글을 읽고 '움직이다'의 뜻을 가진 '동'이 들어 있는 단어를 모두 찾아 ○표 하세요.

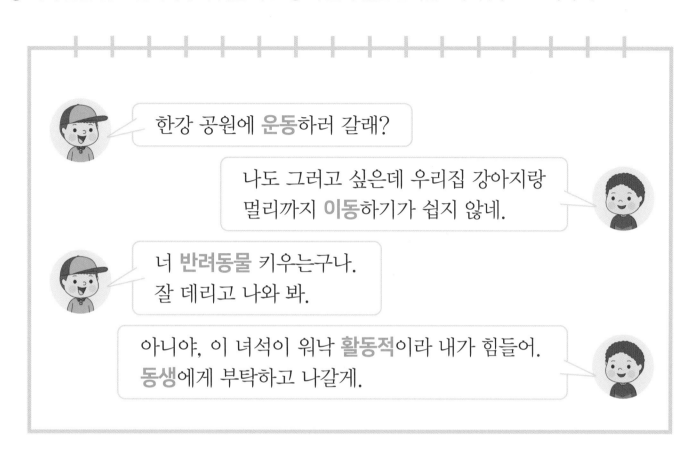

한강 공원에 **운동**하러 갈래?

나도 그리고 싶은데 우리집 강아지랑 멀리까지 **이동**하기가 쉽지 않네.

너 **반려동물** 키우는구나. 잘 데리고 나와 봐.

아니야, 이 녀석이 워낙 **활동적**이라 내가 힘들어. **동생**에게 부탁하고 나갈게.

👏 농구 골대 안에 '움직이다'의 뜻을 가진 단어를 연결하고, 빈칸에 적어 보세요.

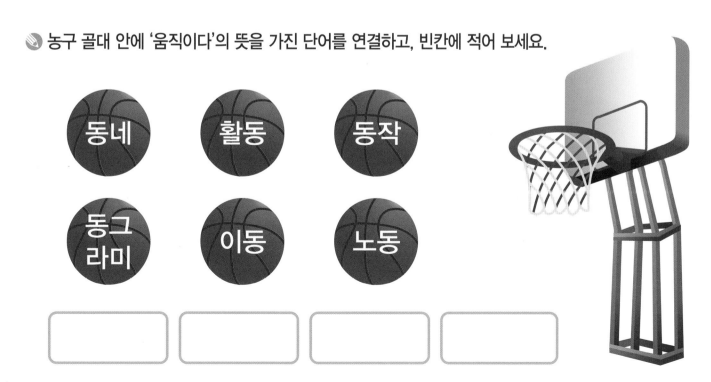

동네   활동   동작

동그라미   이동   노동

🖐️ 게임기의 버튼이 뜻하는 움직임을 알아야 원하는 쪽으로 움직일 수 있어요.
버튼 위 단어를 맞는 방향과 연결해 보세요.

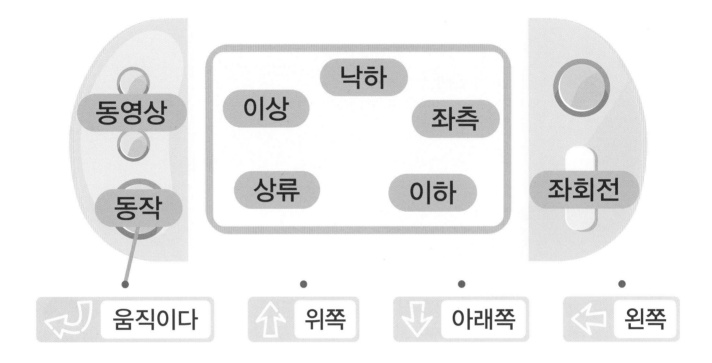

🖐️ 풍선 위에서 아래의 뜻과 소리를 가진 단어를 3개씩 찾아 ○표 하세요.

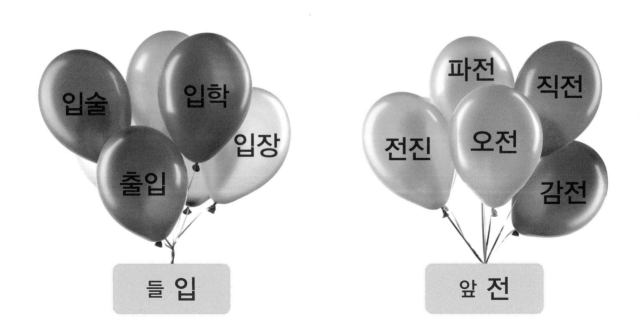

자연

다음 글자가 들어가는 단어에는 무엇이 있을까요?
또박또박 읽으면서 떠올려 보세요.

메 산

하늘 천

땅 지

바다 해

풀 초

꽃 화

평평할 평

바람 풍

돌 석

메산

메 산 山
뜻　소리　한자

'산'과 관련된 단어에 쓰이고 '산'이라고 읽어요.
한자 산(山)은 우뚝 솟은 세 개의 봉우리 모습을 닮았어요.

메 산	메 산

• 흐린 글자를 따라 써요.

1 글자 만나기

🖐 아래 단어에 공통으로 들어가는 글자를 찾아 ○표 하고, 왼쪽의 빈칸에 적어 보세요.

등산
산에 오름.

산촌
산속에 있는 마을

산맥
여러 산들이 이어져 큰 줄기를 이루고 있는 것

산림
산과 숲

💿 '산'의 뜻이 있는 '산'이 들어간 단어들입니다.
　　'산'을 찾아 O표 하고, 단어의 뜻을 알아보세요.

등산복

산에 갈 때 입는 옷

하산

산에서 내려옴.

산나물

산에서 나는 나물

산천

산과 하천

산봉우리

산에서 가장 높이 솟은 부분

산비탈

산에 가파르게 기울어져 있는 곳

산림욕

산속을 거닐며
숲의 기운을 쐬는 일

산사태

산에서 돌과 흙이 한꺼번에
무너져 내리는 일

빈 곳에 알맞은 글자와 단어를 쓰고, 설명 글에서 글자의 뜻을 찾아 ○표 하세요.

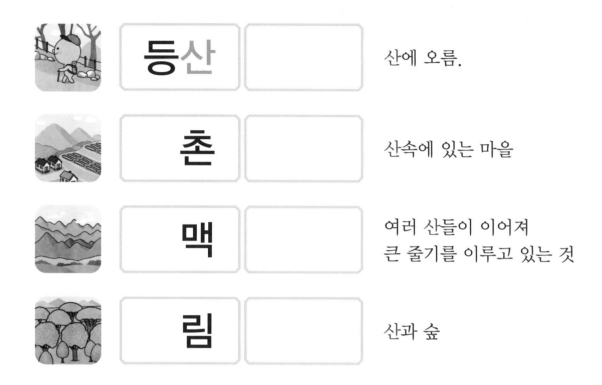

		설명
등산		산에 오름.
촌		산속에 있는 마을
맥		여러 산들이 이어져 큰 줄기를 이루고 있는 것
림		산과 숲

아래의 표현 3개를 연결하여 문장을 완성해 보세요.

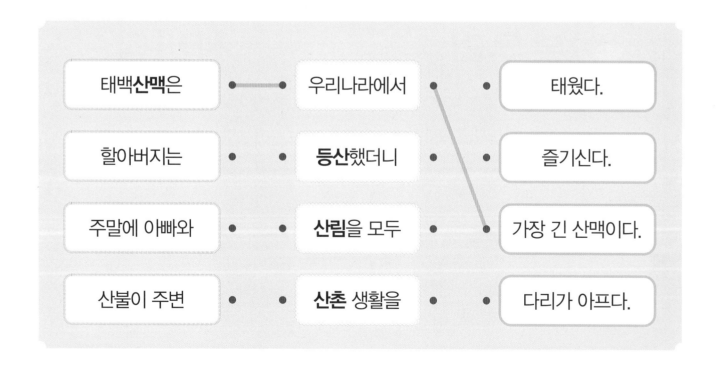

태백**산맥**은	우리나라에서	태웠다.
할아버지는	**등산**했더니	즐기신다.
주말에 아빠와	**산림**을 모두	가장 긴 산맥이다.
산불이 주변	**산촌** 생활을	다리가 아프다.

4 어휘 늘리기

📝 아래 글을 읽고 '산'의 뜻을 가진 '산'이 들어 있는 단어를 모두 찾아 ○표 하세요.

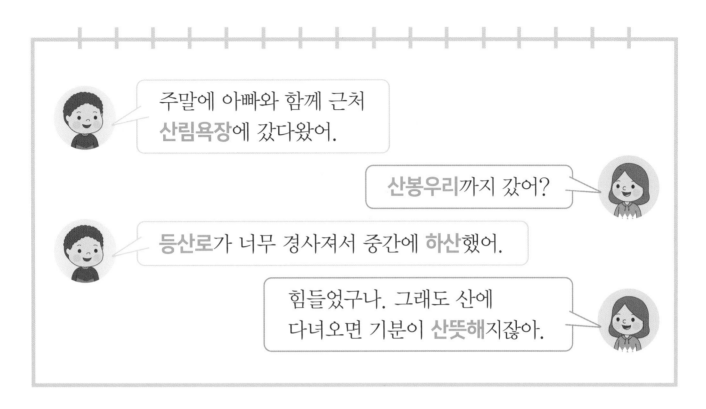

주말에 아빠와 함께 근처 **산림욕장**에 갔다왔어.

산봉우리까지 갔어?

등산로가 너무 경사져서 중간에 **하산**했어.

힘들었구나. 그래도 산에 다녀오면 기분이 **산뜻해**지잖아.

📝 아래의 글자로 '산'의 뜻이 있는 단어 5개를 만들어 적어 보세요.

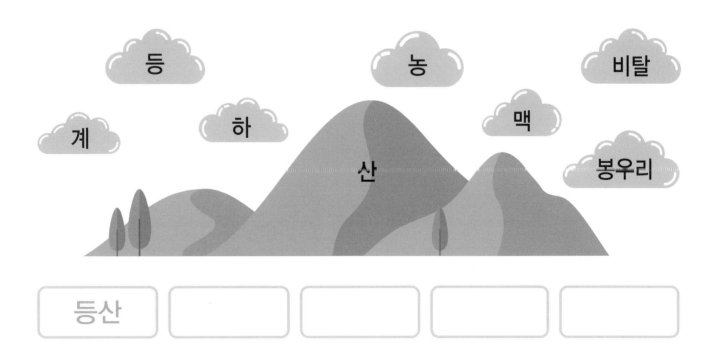

등 계 하 농 비탈 맥 봉우리

산

| 등산 | | | | |

하늘 천

하늘 천 天

| 뜻 | 소리 | 한자 |

'하늘', '자연'과 관련된 단어에 쓰이고 '천'이라고 읽어요. 한자 천(天)은 사람의 머리 위에 있는 하늘을 닮았어요.

| 하늘 천 | 하늘 천 |

• 흐린 글자를 따라 써요.

1 글자 만나기

📖 아래 단어에 공통으로 들어가는 글자를 찾아 ○표 하고, 왼쪽의 빈칸에 적어 보세요.

천체

우주에 있는 모든 물체

천사

하늘에서 내려와 신과 인간을 이어 주는 심부름꾼

100% 천연

천연

사람의 힘이 들어가지 않은 자연 그대로의 상태

천장

건물 내부의 하늘(위쪽) 면

🖐 '하늘', '자연'의 뜻이 있는 '천'이 들어간 단어들입니다.
    '천'을 찾아 ○표 하고, 단어의 뜻을 알아보세요.

천문학

우주와 천체를 연구하는 학문

천문대

우주와 천체를 관측할 수 있는 곳

천국

하늘 나라

천재

하늘에서 뛰어난 재능을
받은 사람

천연기념물

자연 가운데 매우 중요해
법으로 정하여 보호하는 것

천연가스

자연에서 나오는 가스

천지

하늘과 땅

천하

하늘 아래 온 세상

3 뜻 익히기

💧 빈 곳에 알맞은 글자와 단어를 쓰고, 설명 글에서 글자의 뜻을 찾아 ○표 하세요.

천**체**		우주에 있는 모든 물체
사		하늘에서 내려와 신과 인간을 이어 주는 심부름꾼
연		사람의 힘이 들어가지 않은 자연 그대로의 상태
장		건물 내부의 하늘(위쪽) 면

💧 아래의 표현 3개를 연결하여 문장을 완성해 보세요.

너는 하늘에서	**천연** 세제를	조심해.
환경을 생각해	내려온	관찰한다.
천체 망원경으로	부딪히지 않게	써야겠어.
천장이 낮으니	별을	**천사** 같아.

👋 아래 글을 읽고 '하늘, '자연'의 뜻을 가진 '천'이 들어 있는 단어를 모두 찾아 ○표 하세요.

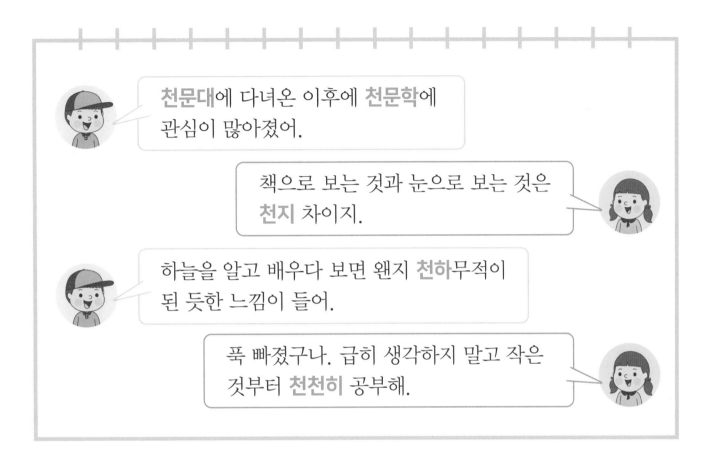

👋 '하늘', '자연'을 뜻하는 '천이 들어간 단어 6개를 찾아 쟁반에 연결해 주세요.

✎ '수천', '천 원', '천자문'의 '천'은 숫자 '1000'을 뜻합니다.

땅 지

땅 지 地

뜻　소리　한자

'땅', '곳'과 관련된 단어에 쓰이고
'지'라고 읽어요.
흙과 주전자 모양이 합해져 땅을 뜻하는
한자 지(地)가 되었어요.

땅지　땅지

• 흐린 글자를 따라 써요.

1 글자 만나기

아래 단어에 공통으로 들어가는 글자를 찾아
○표 하고, 왼쪽의 빈칸에 적어 보세요.

지진
땅이 흔들리는 현상

지도
땅의 모습을 기호로
나타낸 그림

지명
마을이나 지역 이름

지형
땅의 모양

'땅', '곳'의 뜻이 있는 '지'가 들어간 단어들입니다.
'지'를 찾아 ○표 하고, 단어의 뜻을 알아보세요.

지층
자갈, 모래 등이 오랫동안
땅에 쌓여 이룬 층

지구
태양계의 세 번째 행성으로
사람이 살고 있는 곳

지리
어떤 곳의 땅 모양이나 길

거주지
현재 살고 있는 곳

지역
일정한 기준에 따라
범위를 나눈 땅

지방
어느 방면의 땅

지표면
지구나 땅의 겉면

양지
햇볕이 잘 드는 땅

빈 곳에 알맞은 글자와 단어를 쓰고, 설명 글에서 글자의 뜻을 찾아 ○표 하세요.

		땅이 흔들리는 현상
지진		
도		땅의 모습을 기호로 나타낸 그림
명		마을이나 지역 이름
형		땅의 모양

아래의 표현 3개를 연결하여 문장을 완성해 보세요.

학교에서 매년	그 고장의	지도를 본다.
우리 고장 지명의	동쪽이 높은	한다.
여행갈 때는	지진 대피 훈련을	조사했다.
우리나라 지형은	유래를	특징이 있다.

🖊 아래 글을 읽고 '땅', '곳'의 뜻을 가진 '지'가 들어 있는 단어를 모두 찾아 ○표 하세요.

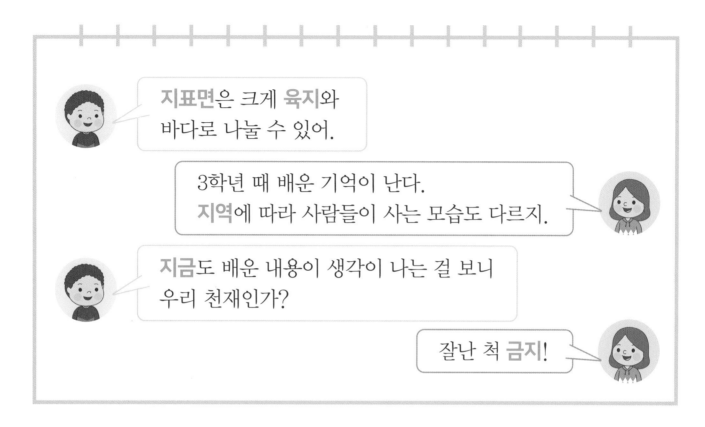

🖊 '땅'의 뜻이 있는 단어만 모두 따라가 집까지 도착해 주세요.

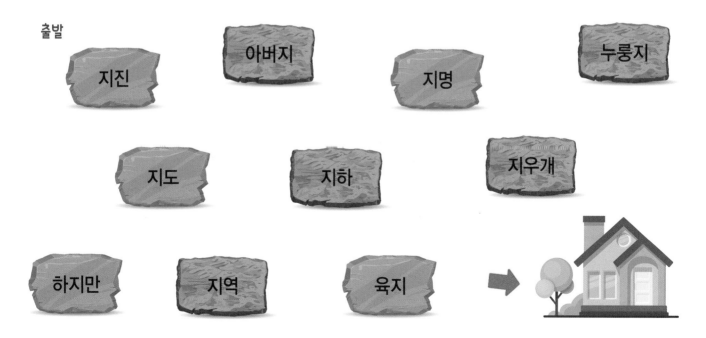

바다 해

바다 해 海

| 뜻 | 소리 | 한자 |

'바다'와 관련된 단어에 쓰이고
'해'라고 읽어요.
물 수(水)에 비녀 꽂은 어머니의 모습을
합하여 한자 해(海)가 되었어요.

바다 해 바다 해

• 흐린 글자를 따라 써요.

54

1 글자 만나기

아래 단어에 공통으로 들어가는 글자를 찾아
○표 하고, 왼쪽의 빈칸에 적어 보세요.

항해

배를 타고
바다 위를 다님.

해수욕

바닷물에서
헤엄치며 놂.

해산물

바다에서 나오는 동식물

해외

바다 밖 다른 나라

'바다'의 뜻이 있는 '해'가 들어간 단어들입니다.
'해'를 찾아 ○표 하고, 단어의 뜻을 알아보세요.

항해사

바다 위 배 운항에
필요한 일을 하는 선원

해양

넓고 큰 바다

해수욕장

헤엄치고 놀 수 있도록
시설을 갖춘 바닷가

해변

바닷물과 땅이 만나는 바닷가

해물

바다에서 나는 동식물

해적

바다의 도둑

해저

바다 밑바닥

해안

바다와 육지가 만나는 곳

3 뜻 익히기

🔖 빈 곳에 알맞은 글자와 단어를 쓰고, 설명 글에서 글자의 뜻을 찾아 ○표 하세요.

항해		배를 타고 바다 위를 다님.
수욕		바닷물에서 헤엄치며 놂.
산물		바다에서 나오는 동식물
외		바다 밖 다른 나라

🔖 아래의 표현 3개를 연결하여 문장을 완성해 보세요.

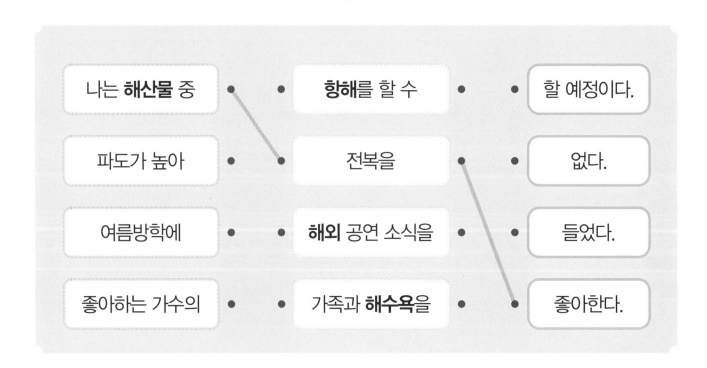

나는 **해산물** 중 • • **항해**를 할 수 • • 할 예정이다.

파도가 높아 • • 전복을 • • 없다.

여름방학에 • • **해외** 공연 소식을 • • 들었다.

좋아하는 가수의 • • 가족과 **해수욕**을 • • 좋아한다.

✎ 아래 글을 읽고 '바다'의 뜻을 가진 '해'가 들어 있는 단어를 모두 찾아 ○표 하세요.

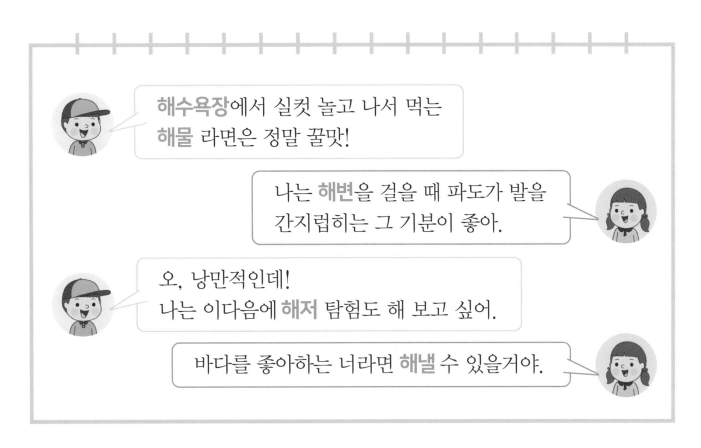

해수욕장에서 실컷 놀고 나서 먹는 **해물** 라면은 정말 꿀맛!

나는 **해변**을 걸을 때 파도가 발을 간지럽히는 그 기분이 좋아.

오, 낭만적인데! 나는 이다음에 **해저** 탐험도 해 보고 싶어.

바다를 좋아하는 너라면 **해낼** 수 있을거야.

✎ 단어를 보고 알맞은 뜻을 찾아 연결해 보세요.

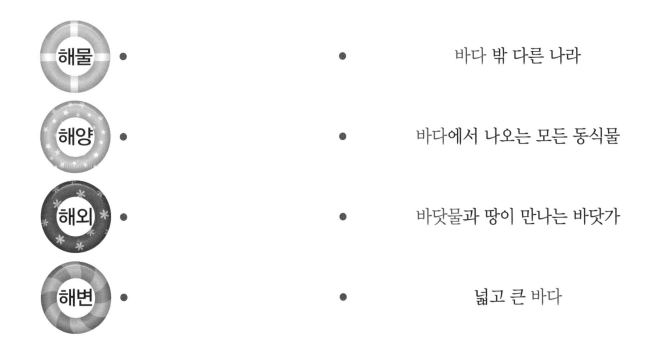

해물 •　　　　　　　　• 바다 밖 다른 나라

해양 •　　　　　　　　• 바다에서 나오는 모든 동식물

해외 •　　　　　　　　• 바닷물과 땅이 만나는 바닷가

해변 •　　　　　　　　• 넓고 큰 바다

풀 초

풀	초	草
뜻	소리	한자

'풀'과 관련된 단어에 쓰이고
'초'라고 읽어요.
한자 초(草)는 땅에 돋아난 풀 모양을
닮았어요.

풀 초	풀 초

• 흐린 글자를 따라 써요.

1 글자 만나기

✏️ 아래 단어에 공통으로 들어가는 글자를 찾아
○표 하고, 왼쪽의 빈칸에 적어 보세요.

초원

풀이 난 들판

초식

주로 풀을 먹고 삶.

초가집

풀(짚, 갈대)로 지붕을
덮은 집

약초

약으로 쓰는 풀

🌱 '풀'의 뜻이 있는 '초'가 들어간 단어들입니다.
'초'를 찾아 〇표 하고, 단어의 뜻을 알아보세요.

잡초

저절로 자라는 여러 가지 풀

초록

풀과 같은 빛을 띠는 색

벌초

풀을 베어서 깨끗하게 함.

건초

마른 풀

초가지붕

풀(짚, 갈대)로 만든 지붕

초야

풀이 난 들, 시골

불로초

먹으면 늙지 않는다는 상상의 풀

독초

독이 있는 풀

🌱 빈 곳에 알맞은 글자와 단어를 쓰고, 설명 글에서 글자의 뜻을 찾아 ○표 하세요.

		설명
초원		풀이 난 들판
식		주로 풀을 먹고 삶.
가집		풀(짚, 갈대)로 지붕을 덮은 집
약		약으로 쓰는 풀

🌱 아래의 표현 3개를 연결하여 문장을 완성해 보세요.

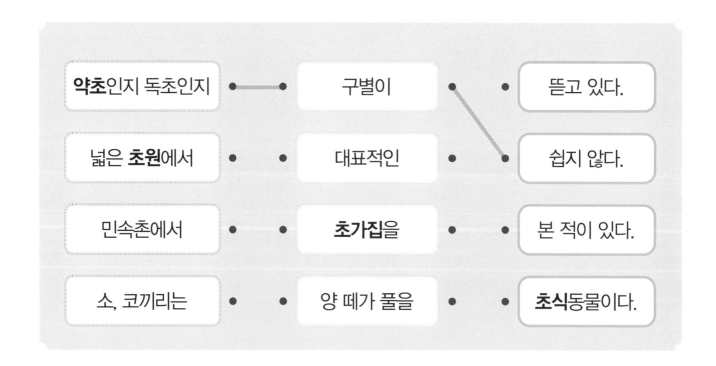

약초인지 독초인지	구별이	뜯고 있다.
넓은 **초원**에서	대표적인	쉽지 않다.
민속촌에서	**초가집**을	본 적이 있다.
소, 코끼리는	양 떼가 풀을	**초식**동물이다.

🖊 아래 글을 읽고 '풀'의 뜻을 가진 '초'가 들어 있는 단어를 모두 찾아 ◯표 하세요.

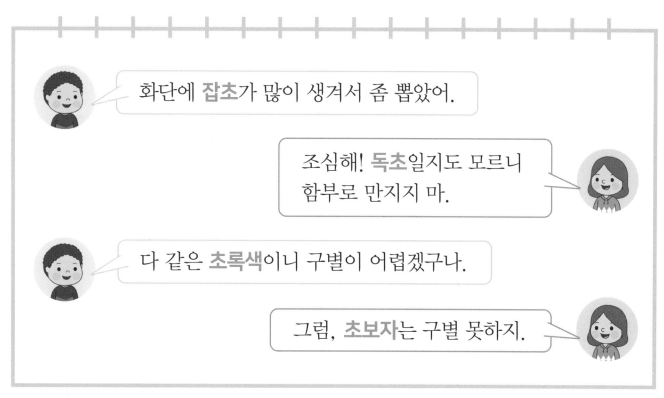

화단에 **잡초**가 많이 생겨서 좀 뽑았어.

조심해! **독초**일지도 모르니 함부로 만지지 마.

다 같은 **초록색**이니 구별이 어렵겠구나.

그럼, **초보자**는 구별 못하지.

✏ '초보자'의 '초'는 '처음'이라는 뜻입니다.

🖊 오른쪽 뜻을 보고 초성에 맞는 단어를 채워 보세요.

| ㅊ | ㄱ | ㅈ | 풀로 지붕을 덮은 집 |

| ㅂ | ㄹ | ㅊ | 먹으면 늙지 않는다는 상상의 풀 |

| ㄱ | ㅊ | 마른 풀 |

| ㅈ | ㅊ | 가꾸지 않아도 저절로 자라는 풀 |

꽃 화

꽃 화 花
뜻 / 소리 / 한자

'꽃'과 관련된 단어에 쓰이고
'화'라고 읽어요.
한자 화(花)는 땅에 뿌리를 내리고
꽃을 피운 모습을 닮았어요.

꽃 화 | 꽃 화

· 흐린 글자를 따라 써요.

1 글자 만나기

✍ 아래 단어에 공통으로 들어가는 글자를 찾아 ○표 하고, 왼쪽의 빈칸에 적어 보세요.

화분
꽃이나 풀을 심어
가꾸는 그릇

생화
살아 있는 진짜 꽃

국화
향기가 좋은 가을 꽃

화단
꽃을 심기 위해 만든
꽃밭

💧 '꽃'의 뜻이 있는 '화'가 들어간 단어들입니다.
'화'를 찾아 ○표 하고, 단어의 뜻을 알아보세요.

화초

꽃이 피는 풀과 나무

화환

꽃을 둥글게 만든 물건으로
축하나 슬픔을 나타낼 때 쓰임.

조화

가짜 꽃

야생화

산이나 들에 저절로 나서 피는 꽃

무궁화

우리나라의 꽃

매화

매실나무의 꽃

화원

꽃을 파는 가게

개화

풀이나 나무의 꽃이 핌.

3 뜻 익히기

👆 빈 곳에 알맞은 글자와 단어를 쓰고, 설명 글에서 글자의 뜻을 찾아 ○표 하세요.

화분		꽃이나 풀을 심어 가꾸는 그릇
생		살아 있는 진짜 꽃
국		향기가 좋은 가을 꽃
단		꽃을 심기 위해 만든 꽃밭

✏️ 아래의 표현 3개를 연결하여 문장을 완성해 보세요.

학교 **화단**에는 •	• 향기 좋은 •	• 것이다.
가을의 대표 꽃은 •	• 계절마다 다양한 •	• 조화야.
아빠의 취미는 •	• **생화** 같은데 •	• **국화**지.
이 꽃은 꼭 •	• **화분**을 가꾸는 •	• 꽃이 핀다.

🖐 아래 글을 읽고 '꽃'의 뜻을 가진 '화'가 들어 있는 단어를 모두 찾아 ○표 하세요.

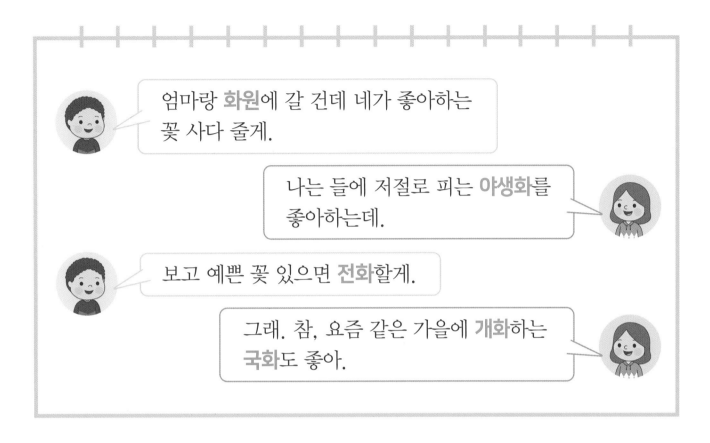

엄마랑 **화원**에 갈 건데 네가 좋아하는 꽃 사다 줄게.

나는 들에 저절로 피는 **야생화**를 좋아하는데.

보고 예쁜 꽃 있으면 **전화**할게.

그래. 참, 요즘 같은 가을에 **개화**하는 **국화**도 좋아.

🖐 꽃바구니 속에 '꽃'의 뜻이 아닌 단어가 한 개 숨어 있어요. 찾아서 적어 보세요.

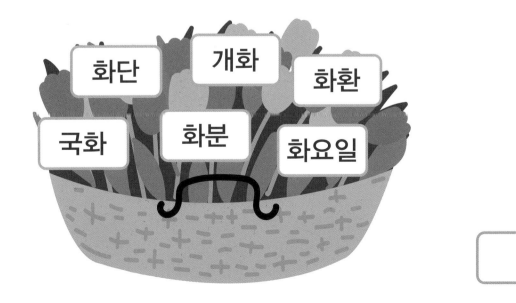

화단   개화   화환

국화   화분   화요일

평평할 평

평평할 평 平

| 뜻 | 소리 | 한자 |

'평평하다', '고르다'와 관련된 단어에
쓰이고 '평'이라고 읽어요.
한자 평(平)은 수평을 이룬 저울을
닮았어요.

| 평평할 평 | 평평할 평 |

• 흐린 글자를 따라 써요.

---

1 글자 만나기

👆 아래 단어에 공통으로 들어가는 글자를 찾아
○표 하고, 왼쪽의 빈칸에 적어 보세요.

평야
평평하고 넓은 들

공평
치우치지 않고
모든 사람에게 고름.

수평
기울어지지 않고
평평한 상태

평범
뛰어나거나 색다른
점이 없이 고름.

🖊 '평평하다', '고르다'의 뜻이 있는 '평'이 들어간 단어들입니다.
'평'을 찾아 ○표 하고, 단어의 뜻을 알아보세요.

지평선
평평한 땅의 끝과 하늘이
맞닿은 것처럼 보이는 선

평지
바닥이 평평하고 넓은 땅

불공평
고르지 못하고
어느 한 쪽으로 치우침.

평등
차별 없이 고르고 똑같음.

평행
나란히 고르게 감.

평형
한쪽으로 기울지 않고 고름.

평소
특별한 일이 없는 보통 때

평균
사물의 질이나 양을 고르게 한 것

🖊 빈 곳에 알맞은 글자와 단어를 쓰고, 설명 글에서 글자의 뜻을 찾아 ○표 하세요.

평야   평평하고 넓은 들

공   치우치지 않고 모든 사람에게 고름.

수   기울어지지 않고 평평한 상태

범   뛰어나거나 색다른 점이 없이 고름.

🖊 아래의 표현 3개를 연결하여 문장을 완성해 보세요.

넓은 **평야** 지역은	**수평을** 맞추어	걸어야 해.
특별할 것 없는	할 일이 많은 건	짓는다.
동생보다 내가	**평범**한 일상도	**공평**하지 않아.
그림을 걸 때	주로 쌀농사를	행복이다.

4 어휘 늘리기

◎ 아래 글을 읽고 '평평하다', '고르다'의 뜻을 가진 '평'이 들어 있는 단어를 모두 찾아 ○표 하세요.

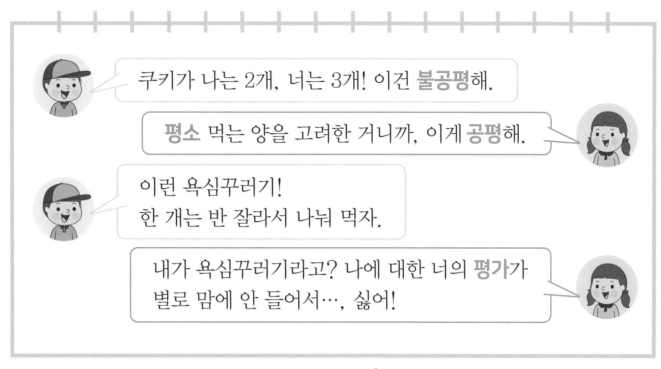

쿠키가 나는 2개, 너는 3개! 이건 **불공평**해.

평소 먹는 양을 고려한 거니까, 이게 **공평**해.

이런 욕심꾸러기!
한 개는 반 잘라서 나눠 먹자.

내가 욕심꾸러기라고? 나에 대한 너의 **평가**가
별로 맘에 안 들어서…, 싫어!

✒ '평가'는 가치나 수준을 헤아려 정한다는 뜻입니다.

◎ '평'으로 시작하는 단어 5개를 쓰면 보물 상자를 열 수 있어요. 도전해 볼까요?

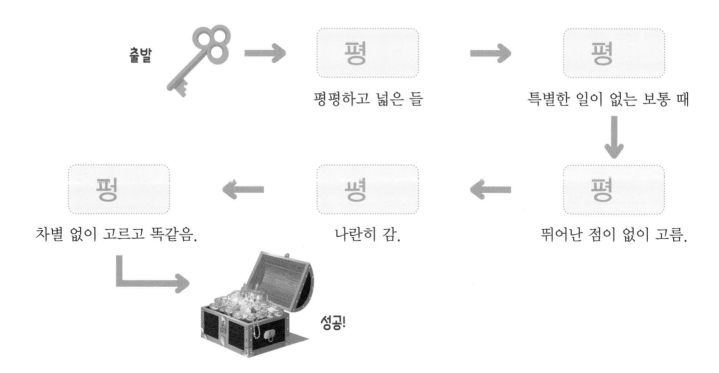

출발

평
평평하고 넓은 들

평
특별한 일이 없는 보통 때

평
뛰어난 점이 없이 고름.

평
나란히 감.

평
차별 없이 고르고 똑같음.

성공!

69

바람 풍

바람	풍	風
뜻	소리	한자

'바람'과 관련된 단어에 쓰이고
'풍'이라고 읽어요.
바람을 일으키는 봉황의 날갯짓에서
한자 풍(風)이 되었다고도 해요.

바람 풍	바람 풍

• 흐린 글자를 따라 써요.

🖊 아래 단어에 공통으로 들어가는 글자를 찾아
○표 하고, 왼쪽의 빈칸에 적어 보세요.

선풍기

날개를 돌려 바람을
일으키는 기계

풍차

바람의 힘을 기계적인
힘으로 바꾸는 장치

풍력

바람의 세기

태풍

거센 폭풍우를
동반한 바람

'바람'의 뜻이 있는 '풍'이 들어간 단어들입니다.
'풍'을 찾아 ○표 하고, 단어의 뜻을 알아보세요.

미풍
약하게 부는 바람

강풍
세게 부는 바람

풍선
고무주머니에 바람을 넣어
공중에 뜨는 물건

환풍기
더러운 바람을 내보내고
맑은 바람을 들어오게 하는 기구

풍력발전
바람의 힘을 이용해 전기를
일으키는 발전 방식

통풍
바람이 통함.

풍속
바람의 속도

폭풍
매우 세차게 부는 바람

🌀 빈 곳에 알맞은 글자와 단어를 쓰고, 설명 글에서 글자의 뜻을 찾아 ○표 하세요.

선풍기 　　　　　 날개를 돌려 바람을 일으키는 기계

　　차 　　　　　 바람의 힘을 기계적인 힘으로 바꾸는 장치

　　력 　　　　　 바람의 세기

　　태 　　　　　 거센 폭풍우를 동반한 바람

🌀 아래의 표현 3개를 연결하여 문장을 완성해 보세요.

여름에는 시원한	**풍차** 사진을	본 적이 있어.
바람이 센 곳은	**선풍기** 바람이	전기를 만든다.
네덜란드의	**풍력**을 이용해	최고야!
태풍 피해가	없도록 미리	대비해야 한다.

👋 아래 글을 읽고 '바람'의 뜻을 가진 '풍'이 들어 있는 단어를 모두 찾아 ○표 하세요.

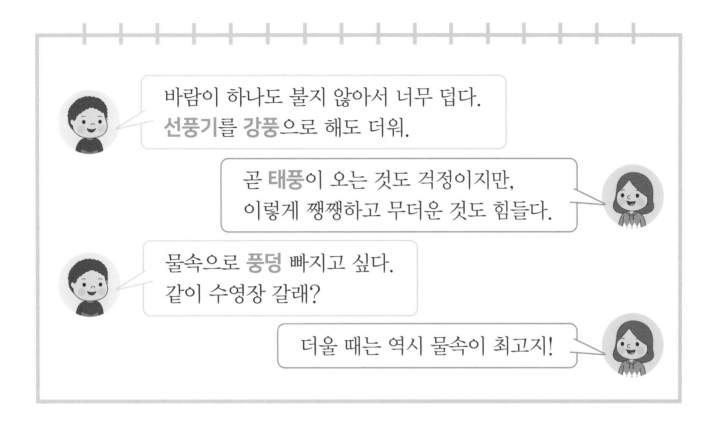

👋 아래의 글자로 '바람'의 뜻이 있는 단어를 만들어 적어 보세요.

풍선				

돌 석

돌 석 石

뜻 · 소리 · 한자

'돌'과 관련된 단어에 쓰이고 '석'이라고
읽어요.
한자 석(石)은 벼랑 아래로 굴러떨어지는
돌의 모습 같아요.

| 돌 석 | 돌 석 |

• 흐린 글자를 따라 써요.

1 글자 만나기

아래 단어에 공통으로 들어가는 글자를 찾아
○표 하고, 왼쪽의 빈칸에 적어 보세요.

자석
쇠붙이를 끌어당기는
천연의 돌

구석기
돌을 깨뜨려서
만든 도구

화석
옛날에 살았던 생물의
흔적이 돌처럼 굳어
남아 있는 것

석탑
돌로 만든 탑

〰️ '돌'의 뜻이 있는 '석'이 들어간 단어들입니다.
'석'을 찾아 ○표 하고, 단어의 뜻을 알아보세요.

막대자석

막대 모양의 길쭉한 자석

보석

빛깔이 곱고 아름다운 값비싼 돌

신석기

돌을 갈아서 만든 도구나 무기

암석

지구 겉쪽의 단단한 부분을
이루는 큰 바위

석탄

옛날 생물이 땅속에서 굳어
연료로 사용하는 돌(퇴적암)

화석연료

옛날 생물이 땅속에서 화석같이 굳어
연료로 사용하는 물질(석유,석탄)

비석

돌로 만든 비

석장승

돌로 만든 장승

3 뜻 익히기

🖝 빈 곳에 알맞은 글자와 단어를 쓰고, 설명 글에서 글자의 뜻을 찾아 ○표 하세요.

	자 석		쇠붙이를 끌어당기는 천연의 돌
	구 기		돌을 깨뜨려서 만든 도구
	화		옛날에 살았던 생물의 흔적이 돌처럼 굳어 남아 있는 것
	탑		돌로 만든 탑

🖝 아래의 표현 3개를 연결하여 문장을 완성해 보세요.

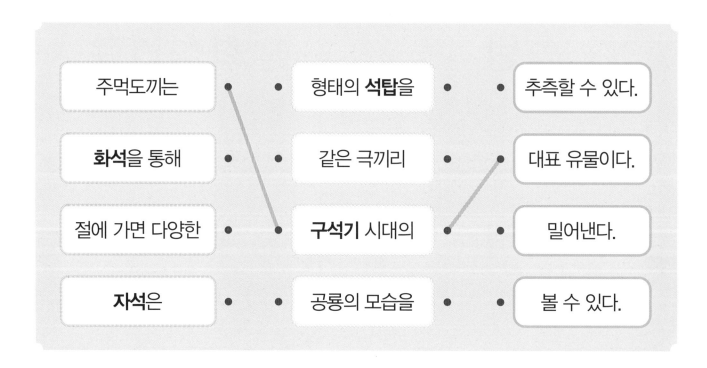

주먹도끼는	형태의 **석탑**을	추측할 수 있다.
화석을 통해	같은 극끼리	대표 유물이다.
절에 가면 다양한	**구석기** 시대의	밀어낸다.
자석은	공룡의 모습을	볼 수 있다.

🖐 아래 글을 읽고 '돌'의 뜻을 가진 '석'이 들어 있는 단어를 모두 찾아 ◯표 하세요.

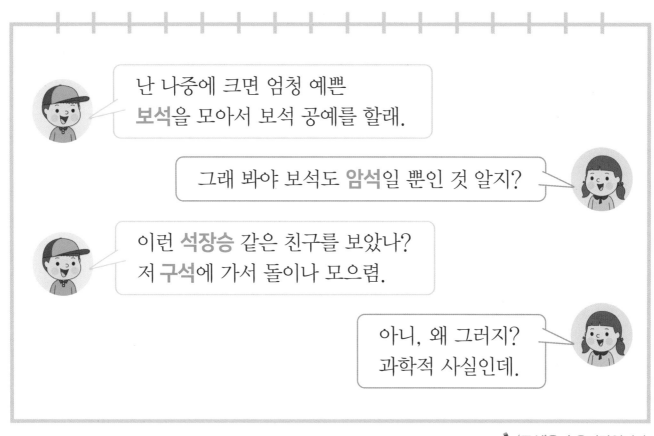

✏ '구석'은 순우리말입니다.

🖐 아래에서 '돌'의 뜻이 있는 단어 6개를 찾아 ◯표 하세요.

 자석

 보석

 덥석

 석탑

 화석

 구석기

 비석

 퍼석

 버석

복습 놀이

🖊 글자 퍼즐 속에서 보기 의 단어를 찾아 ○표 하고, 뜻을 말해 보세요.

| 보기 | 화석 화분 해적 지층 구석기 환풍기 풍력발전
초원 건초 초식 공평 보석 지평선 평행 |

화	석	가	기	해	적	다	일
분	우	놀	지	층	그	파	말
난	교	구	화	도	지	평	선
설	프	석	보	초	이	행	구
환	풍	기	러	원	스	랑	조
자	력	몰	두	머	움	보	석
방	발	무	건	초	주	식	정
한	전	성	조	식	도	공	평

비교

다음 글자가 들어가는 단어에는 무엇이 있을까요?
또박또박 읽으면서 떠올려 보세요.

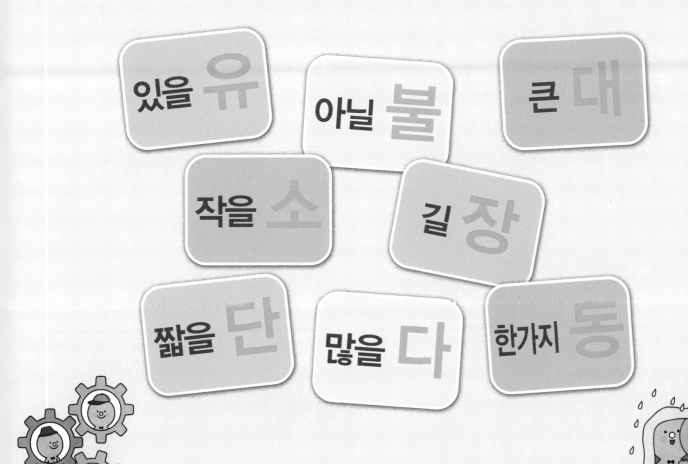

있을 유

아닐 불

큰 대

작을 소

길 장

짧을 단

많을 다

한가지 동

있을 유

있을 유 有

뜻　　소리　　한자

'있다', '가지다'와 관련된 단어에 쓰이고
'유'라고 읽어요.
한자 유(有)는 손으로 값비싼 고기를
쥐고 있는 모습을 닮았어요.

있을 유	있을 유

• 흐린 글자를 따라 써요.

80

1 글자 만나기

🖐 아래 단어에 공통으로 들어가는 글자를 찾아
○표 하고, 왼쪽의 빈칸에 적어 보세요.

소유

가지고 있음.

고유

원래부터 가지고 있는
특별한 것

유효

효과가 있음.

유익

도움이 될 만한 것이
있음.

2 어휘 만나기

공부한 날:　　월　　일

'있다', '가지다'의 뜻이 있는 '유'가 들어간 단어들입니다.
'유'를 찾아 ○표 하고, 단어의 뜻을 알아보세요.

보유
가지고 있음.

유무
있음과 없음.

사유재산
개인이 가지고 있는 재산

국유지
나라가 가지고 있는 땅

유용
쓸모가 있음.

유력
힘이나 재산이 있음.

유리
이익이 있음.

유별
서로 다름이 있음.

🔵 빈 곳에 알맞은 글자와 단어를 쓰고, 설명 글에서 글자의 뜻을 찾아 ◯표 하세요.

소유		가지고 있음.
고		원래부터 가지고 있는 특별한 것
효		효과가 있음.
익		도움이 될 만한 것이 있음.

🔵 아래의 표현 3개를 연결하여 문장을 완성해 보세요.

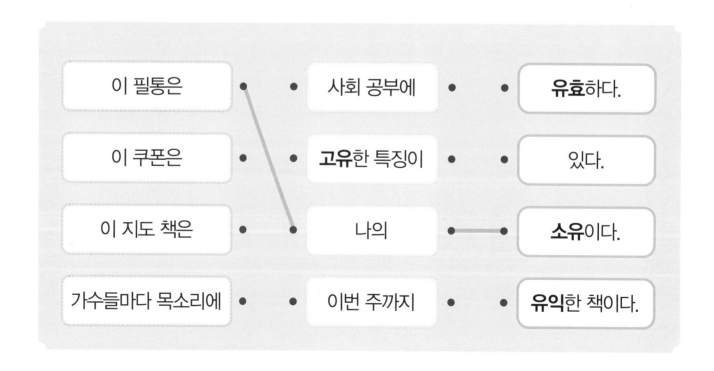

이 필통은	사회 공부에	**유효**하다.
이 쿠폰은	**고유**한 특징이	있다.
이 지도 책은	나의	**소유**이다.
가수들마다 목소리에	이번 주까지	**유익**한 책이다.

4 어휘 늘리기

🖐 아래 글을 읽고 '있다', '가지다'의 뜻을 가진 '유'가 들어 있는 단어를 모두 찾아 ○표 하세요.

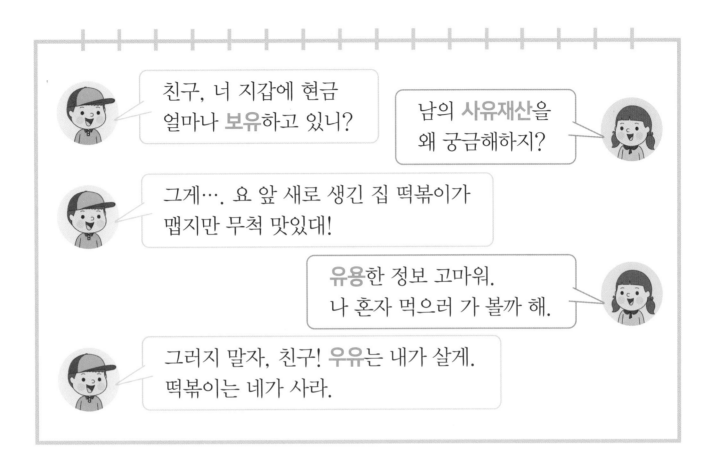

🖐 단어의 뜻을 생각하여 초성 퀴즈의 답을 써 보세요.

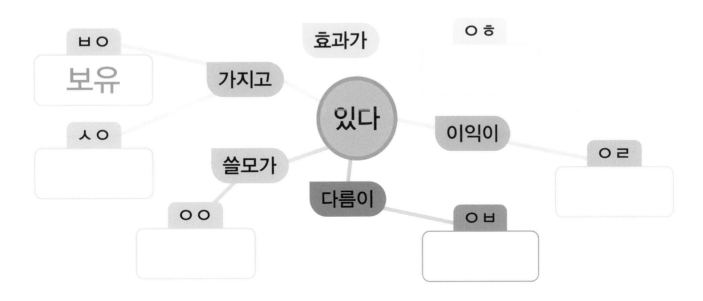

아닐 불

아닐 불 不

뜻 · 소리 · 한자

'아니다', '없다'와 관련된 단어에 쓰이고
'불'이라고 읽어요.
뿌리내린 씨앗 모양에서 아직 '아니다'의
뜻을 가진 한자 불(不)이 되었어요.

| 아닐 불 | 아닐 불 |

• 흐린 글자를 따라 써요.

1 글자 만나기

✎ 아래 단어에 공통으로 들어가는 글자를 찾아
○표 하고, 왼쪽의 빈칸에 적어 보세요.

불가능

하거나 될 수 없음.

불안

마음이 편하지 않음.

불편

이용하기 편리하지
않음.

불만

마음에 흡족하지
않음.

🖐 '아니다', '없다'의 뜻이 있는 '불'이 들어간 단어들입니다.
'불'을 찾아 ○표 하고, 단어의 뜻을 알아보세요.

불규칙

규칙이 없음.

불평등

차별이 있어 평등하지 않음.

불법

법에 맞지 않음.

불행

행복하지 않음.

불필요

필요하지 않음.

불완전

완전하지 않음.

불리

이익이 되지 않음.

불만족

마음에 흡족하지 않음.

3 뜻 익히기

💧 빈 곳에 알맞은 글자와 단어를 쓰고, 설명 글에서 글자의 뜻을 찾아 ○표 하세요.

불**가능**		하거나 될 수 없음.
안		마음이 편하지 않음.
편		이용하기 편리하지 않음.
만		마음에 흡족하지 않음.

💧 아래의 표현 3개를 연결하여 문장을 완성해 보세요.

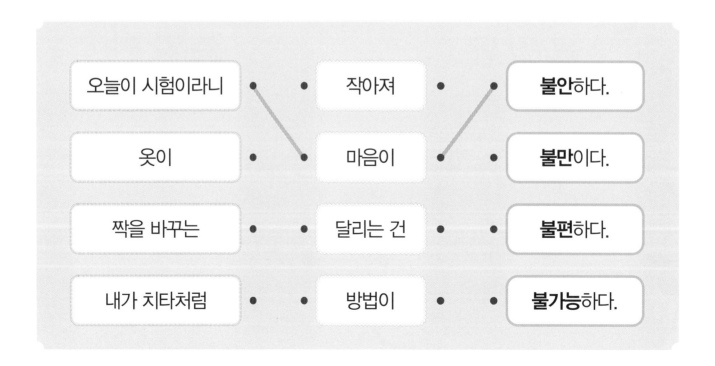

오늘이 시험이라니	•	• 작아져	•	• **불안**하다.
옷이	•	• 마음이	•	• **불만**이다.
짝을 바꾸는	•	• 달리는 건	•	• **불편**하다.
내가 치타처럼	•	• 방법이	•	• **불가능**하다.

4 어휘 늘리기

아래 글을 읽고 '아니다', '없다'의 뜻을 가진 '불'이 들어 있는 단어를 모두 찾아 ○표 하세요.

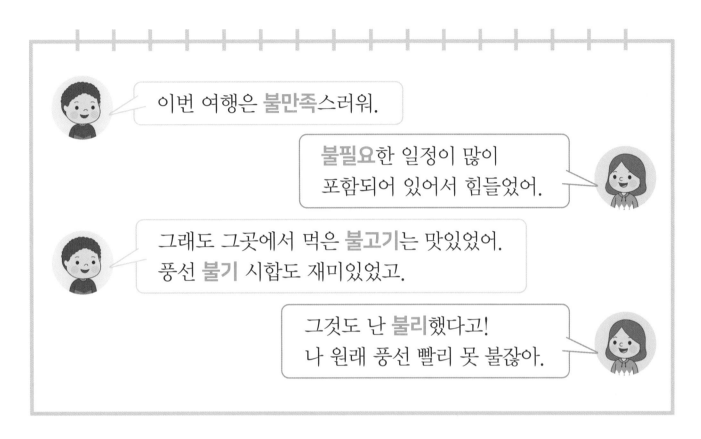

이번 여행은 **불만족**스러워.

불필요한 일정이 많이 포함되어 있어서 힘들었어.

그래도 그곳에서 먹은 **불고기**는 맛있었어. 풍선 **불기** 시합도 재미있었고.

그것도 난 **불리**했다고! 나 원래 풍선 빨리 못 불잖아.

단어의 뜻을 생각하여 초성 퀴즈의 답을 써 보세요.

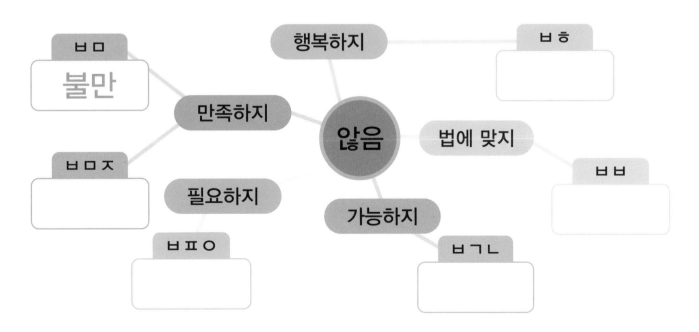

ㅂㅁ
불만

ㅂㅁㅈ

만족하지

행복하지 — ㅂㅎ

필요하지

앓음

법에 맞지

ㅂㅍㅇ

가능하지

ㅂㅂ

ㅂㄱㄴ

큰 대

큰 대 大

| 뜻 | 소리 | 한자 |

'큰', '많은'과 관련된 단어에 쓰이고
'대'라고 읽어요.
한자 대(大)는 양팔을 크게 벌리고 있는
사람의 모습 같아요.

| 큰 대 | 큰 대 |

• 흐린 글자를 따라 써요.

1 글자 만나기

✏ 아래 단어에 공통으로 들어가는 글자를 찾아
○표 하고, 왼쪽의 빈칸에 적어 보세요.

확대
모양이나 규모를
원래보다 크게 함.

대회
큰 모임이나 회의

대중
많은 사람들의 무리

대학교
학교 교육의 마지막
단계인 최고 교육기관

◉ '큰', '많은'의 뜻이 있는 '대'가 들어간 단어들입니다.
'대'를 찾아 ○표 하고, 단어의 뜻을 알아보세요.

거대

엄청나게 큼.

최대

수나 양이 가장 큼.

대회장

대회가 열리는 장소

경시대회

한 분야의 잘하는 사람들이
시험을 치르는 대회

대중문화

많은 사람들이 만들어 가는 문화

대중교통

버스, 지하철처럼 많은 사람들이
이용하는 교통수단

대학생

대학교에 다니는 학생

대법원

우리나라의 최고 법원

👆 빈 곳에 알맞은 글자와 단어를 쓰고, 설명 글에서 글자의 뜻을 찾아 ○표 하세요.

	확대		모양이나 규모를 원래보다 크게 함.
	회		큰 모임이나 회의
	중		많은 사람들의 무리
	학교		학교 교육의 마지막 단계인 최고 교육기관

✏️ 아래의 표현 3개를 연결하여 문장을 완성해 보세요.

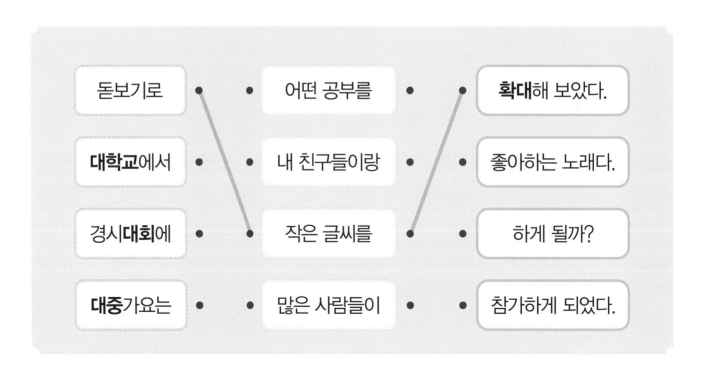

돋보기로	어떤 공부를	**확대**해 보았다.
대학교에서	내 친구들이랑	좋아하는 노래다.
경시**대회**에	작은 글씨를	하게 될까?
대중가요는	많은 사람들이	참가하게 되었다.

👋 아래 글을 읽고 '큰', '많은'의 뜻을 가진 '대'가 들어 있는 단어를 모두 찾아 ○표 하세요.

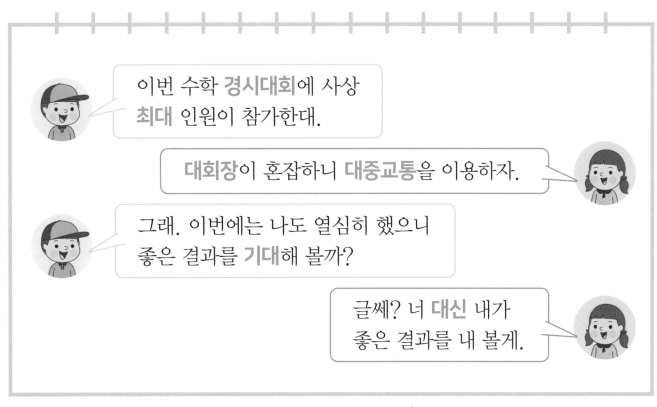

이번 수학 **경시대회**에 사상 **최대** 인원이 참가한대.

대회장이 혼잡하니 **대중교통**을 이용하자.

그래. 이번에는 나도 열심히 했으니 좋은 결과를 **기대**해 볼까?

글쎄? 너 **대신** 내가 좋은 결과를 내 볼게.

✏️ '기대', '대신'에는 '크다'라는 뜻이 없습니다.

👋 '큰', '많은'의 뜻이 있는 단어를 찾아 색칠해 보세요.

대여섯	침대	확대	마음대로	반대
그대로	거대	대회	대중교통	대충
제대로	받침대 최대	대학교	대신	상대방 대답

작을 소

작을 소 小

| 뜻 | 소리 | 한자 |

'작은'과 관련된 단어에 쓰이고
'소'라고 읽어요.
한자 소(小)는 작은 파편이 튀는 모습을
닮았어요.

| 작을 소 | 작을 소 |

• 흐린 글자를 따라 써요.

1 글자 만나기

✍ 아래 단어에 공통으로 들어가는 글자를 찾아
○표 하고, 왼쪽의 빈칸에 적어 보세요.

소수
일의 자리보다 작은
자리의 값을 가진 수

소아
나이가 적은 아이

소형
크기나 규모가 작은 것

소품
작은 가구나 장식품

📝 '작은'의 뜻이 있는 '소'가 들어간 단어들입니다.
'소'를 찾아 ○표 하고, 단어의 뜻을 알아보세요.

소수점
소수 0.3에서 0과 3 사이에 찍은 점

최소
수나 정도가 가장 작거나 낮음.

소아과
어린아이의 병을 진료하는 병원

소포
작게 포장한 물건

소규모
범위나 크기가 작음.

소행성
작은 행성

소고
크기가 작은 북

소제목
큰 제목 아래 붙여진 작은 제목

3 뜻 익히기

빈 곳에 알맞은 글자와 단어를 쓰고, 설명 글에서 글자의 뜻을 찾아 ○표 하세요.

그림	글자		설명
	소수		일의 자리보다 작은 자리의 값을 가진 수
	아		나이가 적은 아이
	형		크기나 규모가 작은 것
	품		작은 가구나 장식품

아래의 표현 3개를 연결하여 문장을 완성해 보세요.

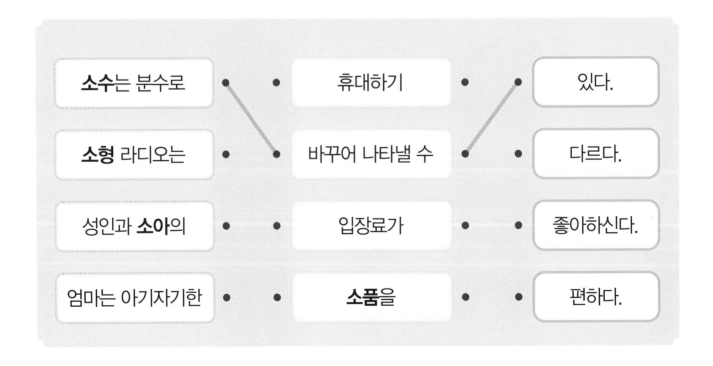

소수는 분수로	휴대하기	있다.
소형 라디오는	바꾸어 나타낼 수	다르다.
성인과 **소아**의	입장료가	좋아하신다.
엄마는 아기자기한	**소품**을	편하다.

🖊 아래 글을 읽고 '작다'의 뜻을 가진 '소'가 들어 있는 단어를 모두 찾아 ○표 하세요.

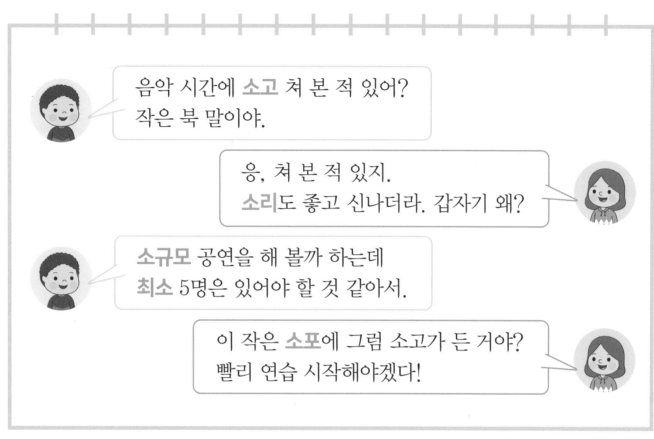

음악 시간에 **소고** 쳐 본 적 있어?
작은 북 말이야.

응, 쳐 본 적 있지.
소리도 좋고 신나더라. 갑자기 왜?

소규모 공연을 해 볼까 하는데
최소 5명은 있어야 할 것 같아서.

이 작은 **소포**에 그럼 소고가 든 거야?
빨리 연습 시작해야겠다!

✏ '소리'는 순우리말입니다.

🖊 소포의 단어를 보고 알맞은 뜻을 찾아 연결해 보세요.

소품 •   소포 •   소고 •   최소 •

가장 작음   작은 가구나 장식품   작은 북   작게 포장한 물건

길 장

길 장 長
뜻 소리 한자

'길다', '우두머리'와 관련된 단어에
쓰이고 '장'이라고 읽어요.
한자 장(長)은 머리가 긴 노인의 모습을
닮았어요.

| 길 장 | 길 장 |

• 흐린 글자를 따라 써요.

96

1 글자 만나기

👆 아래 단어에 공통으로 들어가는 글자를 찾아
○표 하고, 왼쪽의 빈칸에 적어 보세요.

장점
좋거나 잘하는 점

장기
긴 기간

교장
학교를 대표하는
으뜸 지위

연장
시간이나 거리를
원래보다 길게 함.

'길다', '우두머리'의 뜻이 있는 '장'이 들어간 단어들입니다.
'장'을 찾아 ○표 하고, 단어의 뜻을 알아보세요.

성장

사람이나 동물들이 점점 자라서 커짐.

성장기

크는 시기

장기간

오랜 기간

장거리

먼 거리

시장

시를 대표하는 책임자

회장

모임이나 회사의 우두머리

연장자

나이가 많은 사람

장수

오래도록 삶.

3 뜻 익히기

🔹 빈 곳에 알맞은 글자와 단어를 쓰고, 설명 글에서 글자의 뜻을 찾아 ○표 하세요.

장점			좋거나 잘하는 점
기			긴 기간
교			학교를 대표하는 지위
연			시간이나 거리를 원래보다 길게 함.

🔹 아래의 표현 3개를 연결하여 문장을 완성해 보세요.

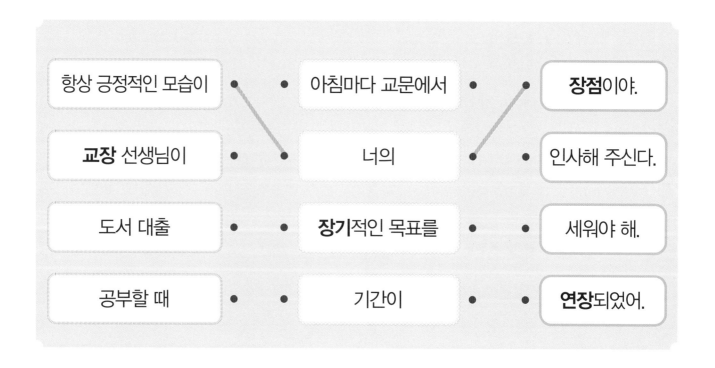

항상 긍정적인 모습이	아침마다 교문에서	**장점**이야.
교장 선생님이	너의	인사해 주신다.
도서 대출	**장기**적인 목표를	세워야 해.
공부할 때	기간이	**연장**되었어.

👋 아래 글을 읽고 '길다', '우두머리'의 뜻을 가진 '장'이 들어 있는 단어를 모두 찾아 ○표 하세요.

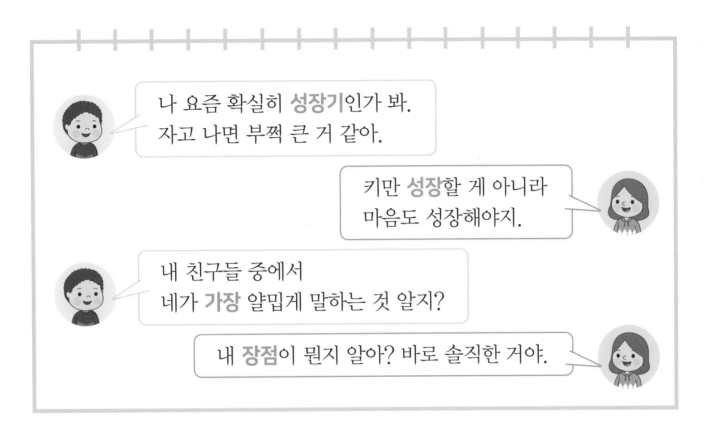

나 요즘 확실히 **성장기**인가 봐.
자고 나면 부쩍 큰 거 같아.

키만 **성장**할 게 아니라
마음도 성장해야지.

내 친구들 중에서
네가 **가장** 얄밉게 말하는 것 알지?

내 **장점**이 뭔지 알아? 바로 솔직한 거야.

👋 '장'과 연결해 쓸 수 있는 단어들입니다. 빈칸에 알맞은 글자나 단어를 써 보세요.

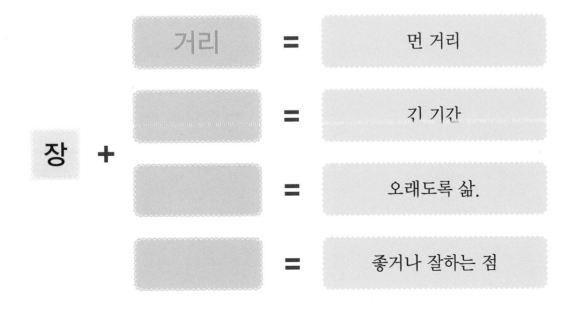

장 +

거리	=	먼 거리
	=	긴 기간
	=	오래도록 삶.
	=	좋거나 잘하는 점

짧을 단

아래 단어에 공통으로 들어가는 글자를 찾아 ○표 하고, 왼쪽의 빈칸에 적어 보세요.

짧을 단 短
뜻　소리　한자

'짧다'와 관련된 단어에 쓰이고
'단'이라고 읽어요.
활쏘기보다 거리가 짧은 투호 놀이
모습에서 한자 단(短)이 되었어요.

단점
모자라거나 부족한 점

단기
짧은 기간

단편
짤막하게 지은 글

단축
시간이나 거리 따위가 짧게 줄어듦.

짧을 단 | 짧을 단

• 흐린 글자를 따라 써요.

'짧다'의 뜻이 있는 '단'이 들어간 단어들입니다.
'단'을 찾아 ○표 하고, 단어의 뜻을 알아보세요.

장단

길고 짧음.

장단점

잘하는 점과 부족한 점

단기간

짧은 기간

단거리

짧은 거리

단발

짧은 머리털

단편영화

짧은 영화

단명

목숨이 짧음.

단소

대나무로 만든 짧은 관악기

3 뜻 익히기

○ 빈 곳에 알맞은 글자와 단어를 쓰고, 설명 글에서 글자의 뜻을 찾아 ○표 하세요.

단점		모자라거나 부족한 점
기		짧은 기간
편		짤막하게 지은 글
축		시간이나 거리 따위가 짧게 줄어듦.

○ 아래의 표현 3개를 연결하여 문장을 완성해 보세요.

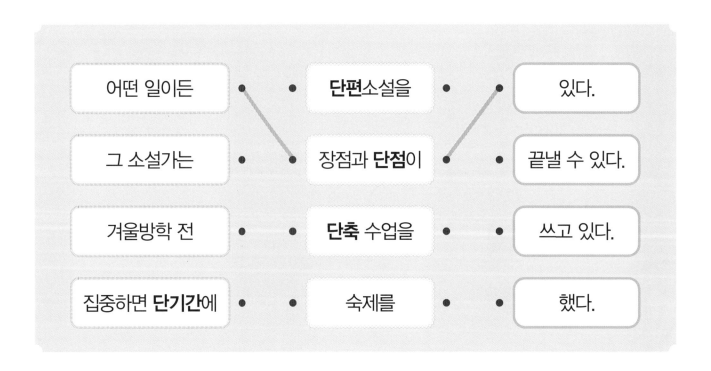

어떤 일이든	단편소설을	있다.
그 소설가는	장점과 단점이	끝낼 수 있다.
겨울방학 전	단축 수업을	쓰고 있다.
집중하면 단기간에	숙제를	했다.

🖐 아래 글을 읽고 '짧다'의 뜻을 가진 '단'이 들어 있는 단어를 모두 찾아 ○표 하세요.

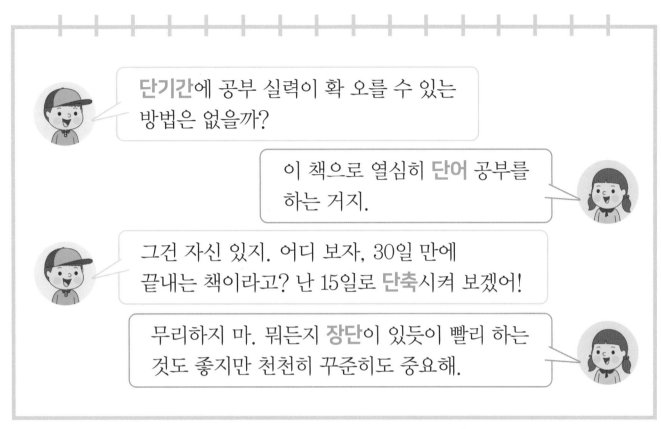

✏️ '단어'에는 '짧다'의 뜻이 없습니다.

🖐 '단'과 글자를 연결해, '짧다'의 뜻이 들어 있는 단어 4개를 만들어 보세요.

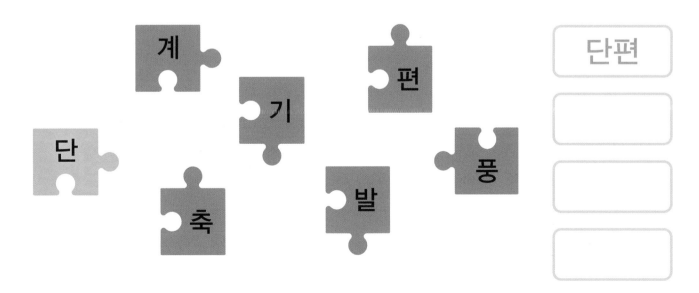

단편

많을 다

많을 다 多

뜻	소리	한자

'많다'와 관련된 단어에 쓰이고
'다'라고 읽어요.
고기가 많이 쌓인 모습이 변하여
한자 다(多)가 되었어요.

많을 다	많을 다

• 흐린 글자를 따라 써요.

---

1 글자 만나기

🖊 아래 단어에 공통으로 들어가는 글자를 찾아
○표 하고, 왼쪽의 빈칸에 적어 보세요.

다문화

한 사회 안에
여러 나라의
문화가 섞여 있는 것

다양

여러 가지 모양

다수

수가 많음.

다정

정이 많음.

'많다'의 뜻이 있는 '다'가 들어간 단어들입니다.
'다'를 찾아 ○표 하고, 단어의 뜻을 알아보세요.

다각형

여러 개의 각으로
이루어진 도형

다도해

섬이 많이 있는 바다

다양성

모양, 색, 구성 따위가
여러 가지로 많은 특성

다국적기업

세계 여러 나라에 회사를 세워
생산, 판매하는 기업

대다수

대단히 많은 수

다수결

많은 수의 의견에 따라
결정하는 일

다감

감정이 풍부함.

다독

많이 읽음.

💭 빈 곳에 알맞은 글자와 단어를 쓰고, 설명 글에서 글자의 뜻을 찾아 ○표 하세요.

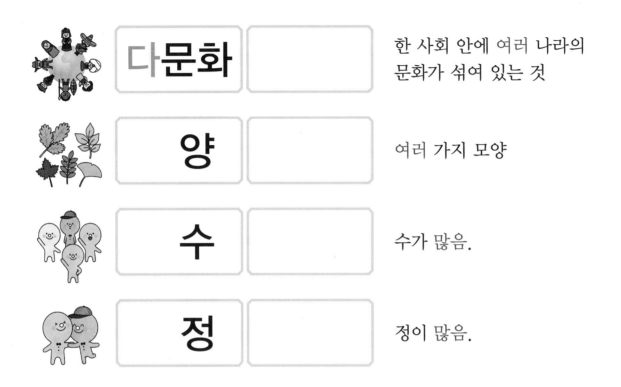

다문화		한 사회 안에 여러 나라의 문화가 섞여 있는 것
양		여러 가지 모양
수		수가 많음.
정		정이 많음.

💭 아래의 표현 3개를 연결하여 문장을 완성해 보세요.

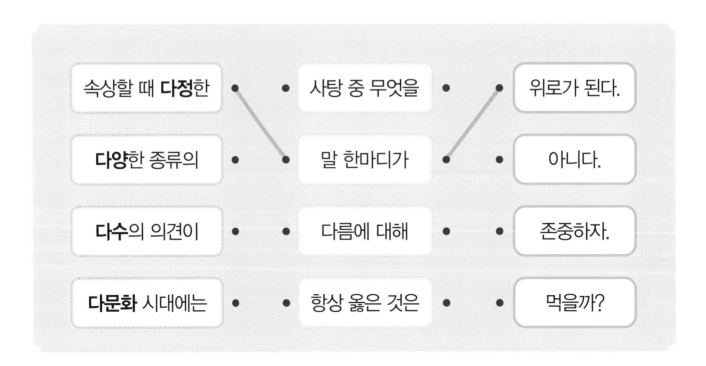

속상할 때 **다정**한	사탕 중 무엇을	위로가 된다.
다양한 종류의	말 한마디가	아니다.
다수의 의견이	다름에 대해	존중하자.
다문화 시대에는	항상 옳은 것은	먹을까?

🖐 아래 글을 읽고 '많다'의 뜻을 가진 '다'가 들어 있는 단어를 모두 찾아 ○표 하세요.

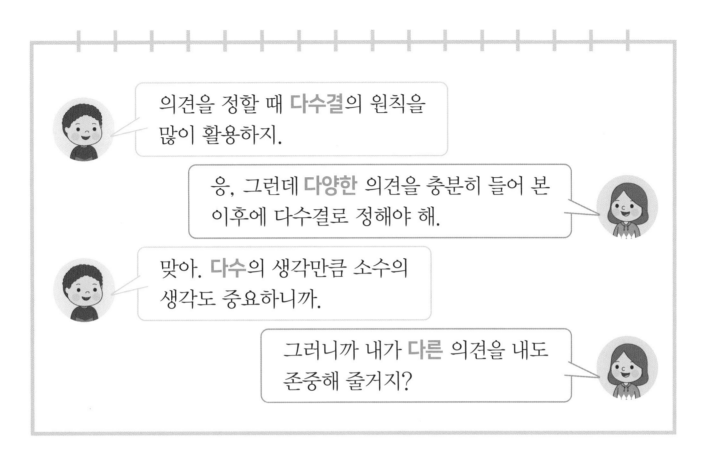

의견을 정할 때 **다수결**의 원칙을 많이 활용하지.

응, 그런데 **다양한** 의견을 충분히 들어 본 이후에 다수결로 정해야 해.

맞아. **다수**의 생각만큼 소수의 생각도 중요하니까.

그러니까 내가 **다른** 의견을 내도 존중해 줄거지?

🖐 '많다'를 연결하여 '다'가 들어 있는 단어를 만들어 보세요.

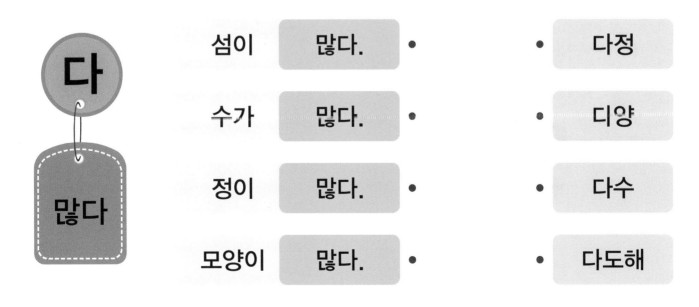

| 다 |
| 많다 |

섬이 **많다.** • • 다정

수가 **많다.** • • 디양

정이 **많다.** • • 다수

모양이 **많다.** • • 다도해

한가지 동

한가지 **동** 同

뜻 　　소리　　한자

'하나', '함께'와 관련된 단어에 쓰이고
'동'이라고 읽어요.
모두 함께 이야기를 나누는 모습에서
한자 동(同)이 되었어요.

| 한가지 동 | 한가지 동 |

• 흐린 글자를 따라 써요.

1 글자 만나기

아래 단어에 공통으로 들어가는 글자를 찾아
○표 하고, 왼쪽의 빈칸에 적어 보세요.

협동
서로 마음과 힘을
하나로 합함.

동지
목적이나 뜻이
서로 같은 사람

동점
점수가 같음.

동의
뜻이 같음.

🖋️ '하나', '함께'의 뜻이 있는 '동'이 들어간 단어들입니다.
'동'을 찾아 ○표 하고, 단어의 뜻을 알아보세요.

합동
둘 이상이 모여 행동을 함께함.

공동
둘 이상의 사람이 함께 일을 함.

동료
같은 부문에서 함께 일하는 사람

동창
같은 학교에서 같이 공부한 사이

동시
같은 시기

동일
어떤 것과 비교해 똑같음.

동감
같은 생각을 가짐.

이구동성
입은 다르나 목소리는 같다는 뜻으로,
여러 사람의 말이 모두 같다.

✍ 빈 곳에 알맞은 글자와 단어를 쓰고, 설명 글에서 글자의 뜻을 찾아 ○표 하세요.

	협동		서로 마음과 힘을 하나로 합함.
	지		목적이나 뜻이 서로 같은 사람
	점		점수가 같음.
	의		뜻이 같음.

✍ 아래의 표현 3개를 연결하여 문장을 완성해 보세요.

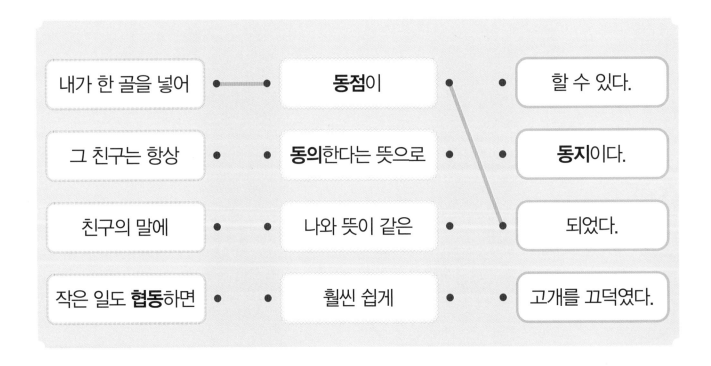

내가 한 골을 넣어 •	• **동점**이 •	• 할 수 있다.
그 친구는 항상 •	• **동의**한다는 뜻으로 •	• **동지**이다.
친구의 말에 •	• 나와 뜻이 같은 •	• 되었다.
작은 일도 **협동**하면 •	• 훨씬 쉽게 •	• 고개를 끄덕였다.

👋 아래 글을 읽고 '하나', '함께'의 뜻을 가진 '동'이 들어 있는 단어를 모두 찾아 ◯표 하세요.

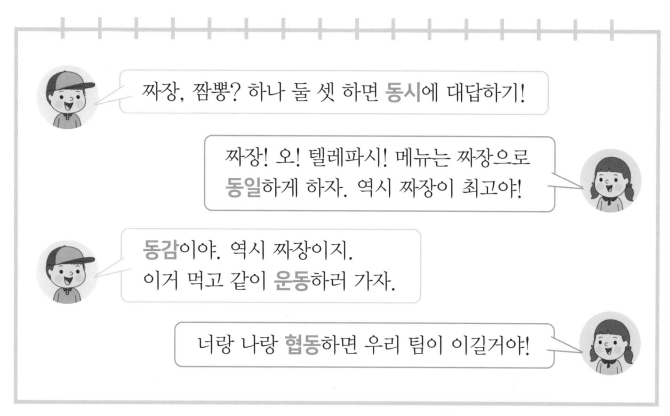

짜장, 짬뽕? 하나 둘 셋 하면 **동시**에 대답하기!

짜장! 오! 텔레파시! 메뉴는 짜장으로 **동일**하게 하자. 역시 짜장이 최고야!

동감이야. 역시 짜장이지. 이거 먹고 같이 **운동**하러 가자.

너랑 나랑 **협동**하면 우리 팀이 이길거야!

✎ '운동'의 '동'은 '움직이다'의 뜻입니다.

👋 오른쪽 뜻을 보고 초성에 맞는 단어를 채워 보세요.

ㄷ ㄱ	같은 생각을 가짐.
ㄱ ㄷ	둘 이상의 사람이 함께 일을 함
ㄷ ㅈ	목적이나 뜻이 서로 같은 사람
ㄷ ㅈ	두 팀의 점수가 같음.

아래의 뜻과 소리를 연결하고, 알맞은 단어와 이어 보세요.

있다 •	• 소 •	• (소아 소품 소형)
아니다 •	• 불 •	• (확대 최대 대중교통)
크다 •	• 유 •	• (불가능 불만 불평등)
작다 •	• 대 •	• (고유 유력 국유지)

길다 •	• 다 •	• (협동 동점 동의)
짧다 •	• 장 •	• (단기간 단발 단축)
많다 •	• 동 •	• (장점 성장 장거리)
함께 •	• 단 •	• (다문화 다각형 다수결)

색

다음 글자가 들어가는 단어에는 무엇이 있을까요?
또박또박 읽으면서 떠올려 보세요.

빛 색

빛 광

흰 백

푸를 청

누를 황

빛 색

빛	색	色
뜻	소리	한자

'빛깔', '색'과 관련된 단어에 쓰이고
'색'이라고 읽어요.
두 사람이 나란히 앉아 있는 모습에서
한자 색(色)이 되었어요.

빛 색	빛 색

• 흐린 글자를 따라 써요.

1 글자 만나기

👉 아래 단어에 공통으로 들어가는 글자를 찾아
○표 하고, 왼쪽의 빈칸에 적어 보세요.

색종이

여러 가지 색깔로
물들인 종이

색연필

여러 가지 색깔이
나게 만든 연필

색칠

색깔이 나게 칠함.

색상

빨강, 파랑과 같이
한 가지 색을 다른 색과
구분되게 하는 것

💿 '빛깔', '색"의 뜻이 있는 '색'이 들어간 단어들입니다.
'색'을 찾아 ○표 하고, 단어의 뜻을 알아보세요.

안색

얼굴에 나타나는 빛깔이나 색

음색

소리의 특색, 빛깔

보호색

자신을 보호하기 위해 주위와
비슷하게 된 동물 몸의 빛깔

염색

천이나 머리카락에
색을 물들게 함.

색소

물체의 색깔이 나타나도록 하는 성분

각양각색

여러 가지 모양과 색깔

색상지

여러 가지 색깔로 물들인 종이

색상환

색을 둥그렇게 배열한
고리 모양의 도표

🖐 빈 곳에 알맞은 글자와 단어를 쓰고, 설명 글에서 글자의 뜻을 찾아 ○표 하세요.

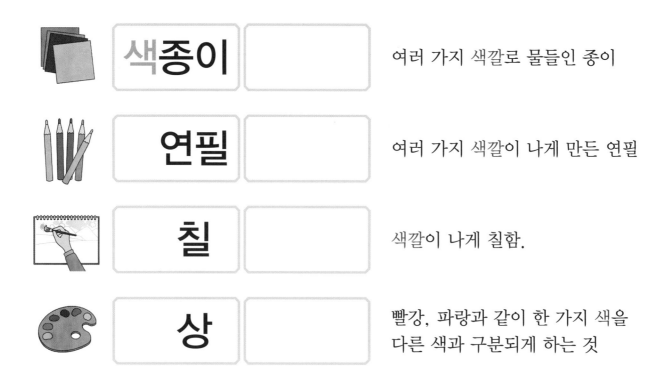

		설명
색종이		여러 가지 색깔로 물들인 종이
연필		여러 가지 색깔이 나게 만든 연필
칠		색깔이 나게 칠함.
상		빨강, 파랑과 같이 한 가지 색을 다른 색과 구분되게 하는 것

🖐 아래의 표현 3개를 연결하여 문장을 완성해 보세요.

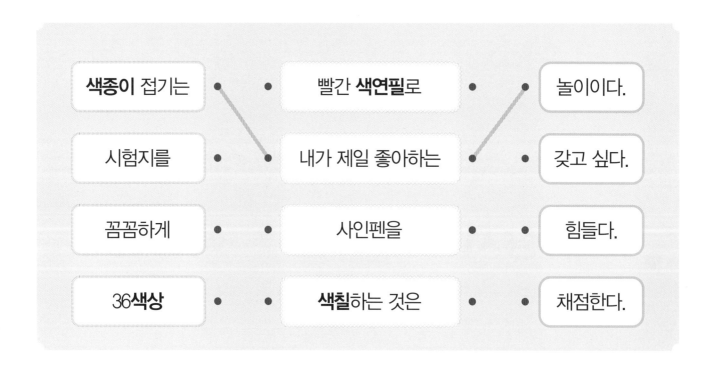

색종이 접기는	빨간 **색연필**로	놀이이다.
시험지를	내가 제일 좋아하는	갖고 싶다.
꼼꼼하게	사인펜을	힘들다.
36**색상**	**색칠**하는 것은	채점한다.

4 어휘 늘리기

💬 아래 글을 읽고 '빛깔', '색'의 뜻을 가진 '색'이 들어 있는 단어를 모두 찾아 ○표 하세요.

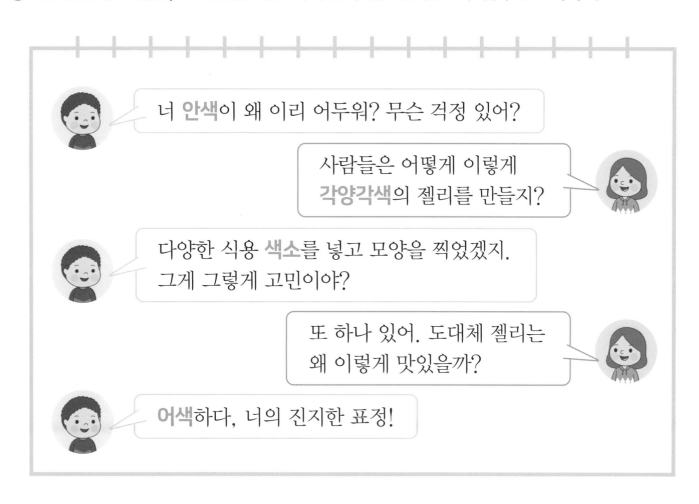

너 **안색**이 왜 이리 어두워? 무슨 걱정 있어?

사람들은 어떻게 이렇게 **각양각색**의 젤리를 만들지?

다양한 식용 **색소**를 넣고 모양을 찍었겠지. 그게 그렇게 고민이야?

또 하나 있어. 도대체 젤리는 왜 이렇게 맛있을까?

어색하다, 너의 진지한 표정!

💬 '빛깔', '색'과 관련된 단어 5개를 찾아 필통에 연결해 주세요.

염색   색안경

새색시   색종이

색깔   흰색

빛 색

빛 광

빛	광	光
뜻	소리	한자

'빛'과 관련된 단어에 쓰이고
'광'이라고 읽어요.
한자 광(光)은 사람의 머리 위에
빛이 있는 모습 같아요.

빛 광	빛 광

• 흐린 글자를 따라 써요.

1 글자 만나기

아래 단어에 공통으로 들어가는 글자를 찾아
○표 하고, 왼쪽의 빈칸에 적어 보세요.

후광

몸 뒤로부터
내비치는 빛

광복

빛을 되찾음.
빼앗긴 주권을 찾음.

관광

다른 곳에 가서 그곳의
빛나는 문물과 풍경을
구경함.

광택

물체의 표면에서
반짝거리는 빛

💡 '빛'의 뜻이 있는 '광'이 들어간 단어들입니다.
'광'을 찾아 ○표 하고, 단어의 뜻을 알아보세요.

야광
어둠 속에서 빛을 냄.

형광
어떤 물체가 전자 빔 등을
받았을 때 나는 고유의 빛

광복절
광복을 기념하기 위해 제정한
국경일, 8월 15일

영광
빛나고 아름다운 명예

광채
아름답고 찬란한 빛

역광
사진을 찍을 때
사람의 뒤에서 비치는 빛

광합성
녹색 식물이 빛을 이용하여
영양분을 얻는 과정

광선
밝은 물체에서 뻗어 나오는 빛

3 뜻 익히기

○ 빈 곳에 알맞은 글자와 단어를 쓰고, 설명 글에서 글자의 뜻을 찾아 ○표 하세요.

후광		몸 뒤로부터 내비치는 빛
복		빛을 되찾음. 빼앗긴 주권을 찾음.
관		다른 곳에 가서 그곳의 빛나는 문물과 풍경을 구경함.
택		물체의 표면에서 반짝거리는 빛

○ 아래의 표현 3개를 연결하여 문장을 완성해 보세요.

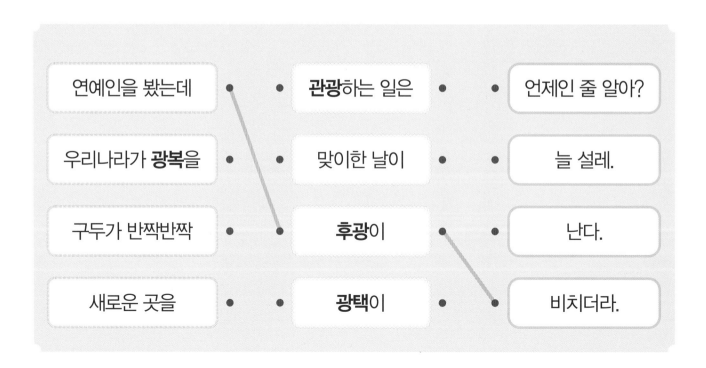

연예인을 봤는데	관광하는 일은	언제인 줄 알아?
우리나라가 광복을	맞이한 날이	늘 설레.
구두가 반짝반짝	후광이	난다.
새로운 곳을	광택이	비치더라.

아래 글을 읽고 '빛'의 뜻을 가진 '광'이 들어 있는 단어를 모두 찾아 ○표 하세요.

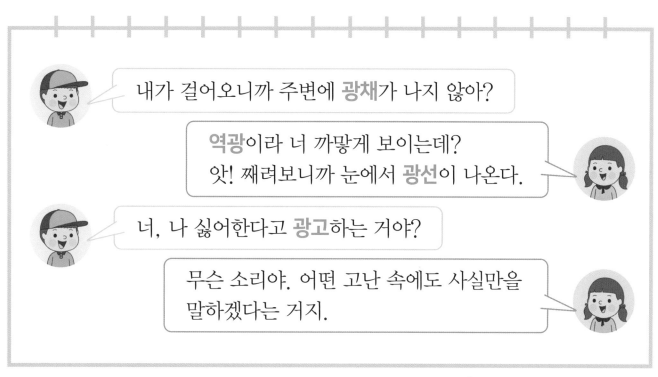

내가 걸어오니까 주변에 **광채**가 나지 않아?

역광이라 너 까맣게 보이는데?
앗! 째려보니까 눈에서 **광선**이 나온다.

너, 나 싫어한다고 **광고**하는 거야?

무슨 소리야. 어떤 고난 속에도 사실만을 말하겠다는 거지.

✎ '광고'에는 '빛'의 뜻이 없습니다.

'빛'과 관련된 단어를 찾아 작은 수부터 누르면 자물쇠가 열린대요.
비밀번호는 무엇일까요?

8 광합성

2 형광

5 광고

빛 광

6 광복

3 어리광

7 관광

흰 백

흰	백	白
뜻	소리	한자

'희다'와 관련된 단어에 쓰이고
'백'이라고 읽어요.
한자 백(白)은 촛불이 밝게 빛나고 있는
모습을 닮았어요.

흰 백	흰 백

• 흐린 글자를 따라 써요.

1 글자 만나기

👆 아래 단어에 공통으로 들어가는 글자를 찾아
○표 하고, 왼쪽의 빈칸에 적어 보세요.

공백

아무것도 없이
하얗게 비어 있음.

백지

흰 빛깔의 종이

백설

하얀 눈

백로

몸이 흰색인 새

💧 '희다'의 뜻이 있는 '백'이 들어간 단어들입니다.
'백'을 찾아 ○표 하고, 단어의 뜻을 알아보세요.

여백

종이에 글씨를 쓰거나
그림을 그리고 남은 흰 공간

표백제

옷의 색소를 없애 하얗게 하는 약품

백지장

낱장의 하얀 종이

백지도

지도의 윤곽만 표시된
작업용 흰 지도

백미

흰 쌀

백설기

쌀가루를 불려 찐 하얀 떡

백인

백색 인종에 속하는 사람

백자

흰색 흙으로 만든 자기

💭 빈 곳에 알맞은 글자와 단어를 쓰고, 설명 글에서 글자의 뜻을 찾아 ○표 하세요.

			설명
	공백		아무것도 없이 하얗게 비어 있음.
	지		흰 빛깔의 종이
	설		하얀 눈
	로		몸이 흰색인 새

💭 아래의 표현 3개를 연결하여 문장을 완성해 보세요.

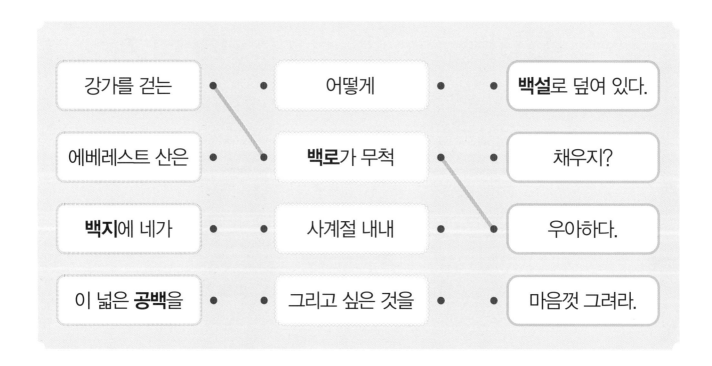

강가를 걷는	어떻게	**백설**로 덮여 있다.
에베레스트 산은	**백로**가 무척	채우지?
백지에 네가	사계절 내내	우아하다.
이 넓은 **공백**을	그리고 싶은 것을	마음껏 그려라.

💫 아래 글을 읽고 '희다'의 뜻을 가진 '백'이 들어 있는 단어를 모두 찾아 ○표 하세요.

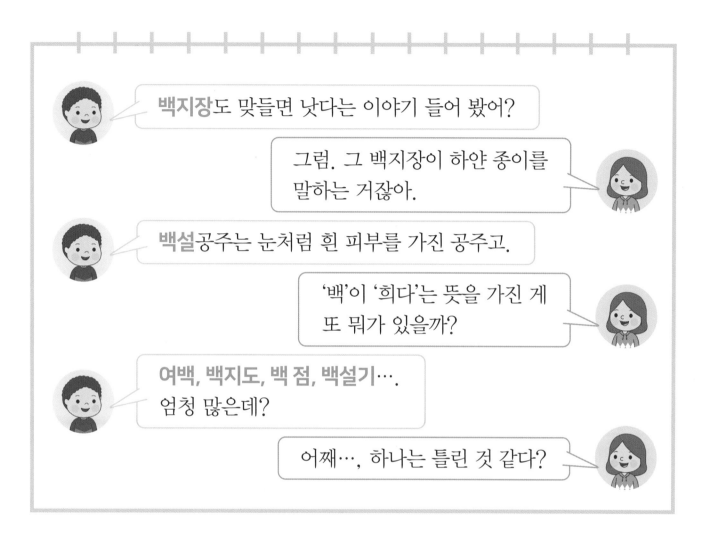

💫 '흰색'과 관련된 단어 5개를 찾아 흰 접시에 연결해 보세요.

🖊 '백화점', '백일', '수백'의 '백'은 숫자 '100'을 뜻합니다.

푸를 청

푸를 청 靑

| 뜻 | 소리 | 한자 |

'푸르다'와 관련된 단어에 쓰이고
'청'이라고 읽어요.
한자 청(靑)은 맑은 우물과 푸른 싹이
자라는 모습을 닮았어요.

| 푸를 청 | 푸를 청 |

• 흐린 글자를 따라 써요.

---

1 글자 만나기

👉 아래 단어에 공통으로 들어가는 글자를 찾아
○표 하고, 왼쪽의 빈칸에 적어 보세요.

청자

푸른빛을 띠는
도자기

청춘

새싹이 파랗게 돋아나는
봄철이라는 뜻으로,
인생의 젊은 나이

청바지

푸른색 바지

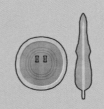

청동

구리와 주석으로
만든 것으로
푸른빛을 띰.

'푸르다'의 뜻이 있는 '청'이 들어간 단어들입니다.
'청'을 찾아 ○표 하고, 단어의 뜻을 알아보세요.

고려청자
고려 시대에 만들어진
푸른빛의 자기

청기와
푸른빛의 기와

청년
육체적 정신적으로 성장한
젊은 사람

청소년
젊은 청년과 소년을
아울러 이르는 말

청치마
푸른색 치마

청포도
아직 다 익지 않은 푸른색 포도

청동기
청동으로 만든 그릇이나 기구

청동검
청동으로 만든 칼

3 뜻 익히기

📝 빈 곳에 알맞은 글자와 단어를 쓰고, 설명 글에서 글자의 뜻을 찾아 ○표 하세요.

이미지	글자	빈칸	설명
	청자		푸른 빛을 띠는 도자기
	춘		새싹이 파랗게 돋아나는 봄철이라는 뜻으로 인생의 젊은 나이
	바지		푸른색 바지
	동		구리와 주석으로 만든 것으로 푸른빛을 띰.

📝 아래의 표현 3개를 연결하여 문장을 완성해 보세요.

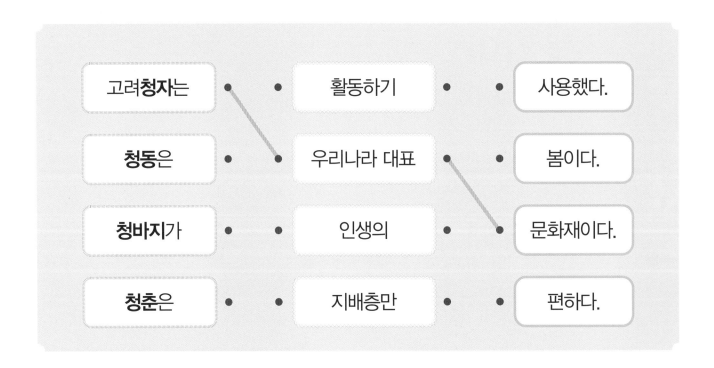

고려**청자**는	활동하기	사용했다.
청동은	우리나라 대표	봄이다.
청바지가	인생의	문화재이다.
청춘은	지배층만	편하다.

🖐 아래 글을 읽고 '푸르다'의 뜻을 가진 '청'이 들어 있는 단어를 모두 찾아 ○표 하세요.

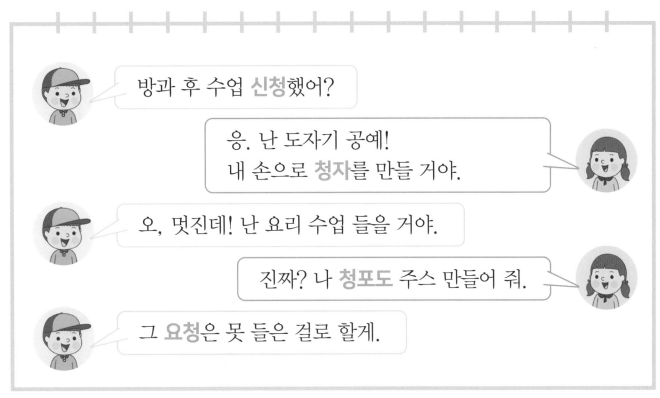

방과 후 수업 **신청**했어?

응. 난 도자기 공예!
내 손으로 **청자**를 만들 거야.

오, 멋진데! 난 요리 수업 들을 거야.

진짜? 나 **청포도** 주스 만들어 줘.

그 **요청**은 못 들은 걸로 할게.

✏ '신청', '요청'에는 '푸르다'의 뜻이 없습니다.

🖐 '푸른색'을 뜻하는 단어를 주스와 연결해 주세요. 모두 몇 개인가요?

청소

고려청자

청바지

멍청

청소년

청개구리

청소년

청동

☐ 개

누를 황

누를 황 黃

뜻	소리	한자

'누렇다'와 관련된 단어에 쓰이고
'황'이라고 읽어요.
누런 장신구를 허리에 두른 모습에서
한자 황(黃)이 되었어요.

누를 황	누를 황

• 흐린 글자를 따라 써요.

1 글자 만나기

👆 아래 단어에 공통으로 들어가는 글자를 찾아
○표 하고, 왼쪽의 빈칸에 적어 보세요.

황사
누런 모래

황토
누렇고 거무스름한
흙

주황
빨강과 노랑색의
중간 색

황도
속살이 노란 복숭아

💡 '누렇다'의 뜻이 있는 '황'이 들어간 단어들입니다.
'황'을 찾아 ○표 하고, 단어의 뜻을 알아보세요.

황사 주의보

황사가 기준 이상으로 지속될 것이
예측될 때 기상청에서 예보하는 주의보

황변

누렇게 변하는 현상

황톳길

누렇고 거무스름한 흙으로
이루어진 길

황토방

바닥이나 벽에 황토를
넣어 만든 방

황금빛

황금의 색과 같은 누런 빛

황혼

해가 질 때의 누렇고 어스름한 빛

황태

빛깔이 누르고
살이 연한 마른 북어

황해

누런 바다라는 뜻으로,
우리나라 서해

🐾 빈 곳에 알맞은 글자와 단어를 쓰고, 설명 글에서 글자의 뜻을 찾아 ○표 하세요.

황사		누런 모래
토		누렇고 거무스름한 흙
주		빨강과 노랑색의 중간 색
도		속살이 노란 복숭아

🐾 아래의 표현 3개를 연결하여 문장을 완성해 보세요.

봄철이면	섞으면 **주황**색이	된다.
빨간색과 노란색을	**황사** 때문에	가장 맛있다.
과일 중에서	달콤한 **황도**가	목이 칼칼하다.
황토로 만든 집은	습도를 스스로	조절한다.

👋 아래 글을 읽고 '누렇다'의 뜻을 가진 '황'이 들어 있는 단어를 모두 찾아 ○표 하세요.

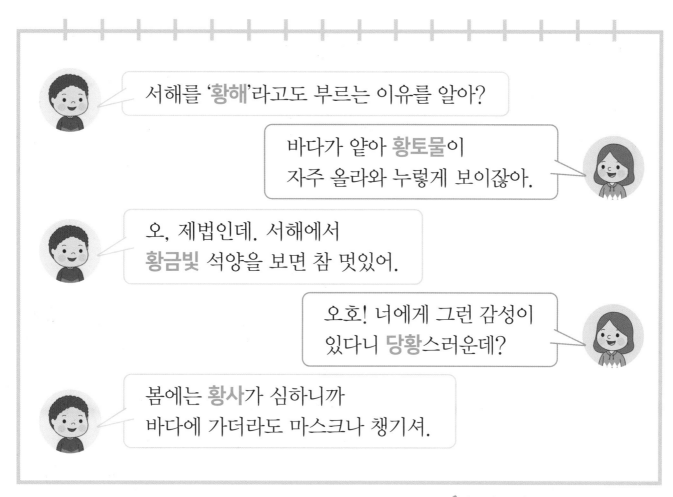

✏️ '당황'에는 '누렇다'의 뜻이 없습니다.

👋 '황, 황, 황자로 시작하는 말은?' 노래에 맞춰 단어를 말하고 써 보세요.

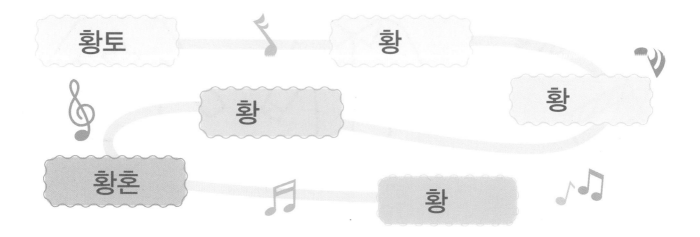

복습 놀이

◈ 옷에 쓰인 단어는 어떤 색과 관련이 있나요? 알맞게 색칠해 보세요.

청바지

황토

황해

청춘

청치마

황사

청자

청동기

황태

아래의 글자와 암호 편지 속 글자를 연결해 단어를 2개씩 만들어 보세요.
글자는 여러 번 사용할 수 있어요.

| 상 | 상승 | | 하 | 하차 |

| 좌 | | | 동 | |

승 차 류 측 작 우 물

| 전 | | | 후 | |

| 출 | | | 입 | |

진 반 식 발 배 학 산 장

🖎 아래의 글자가 들어간 단어를 찾아 연결해 보세요.

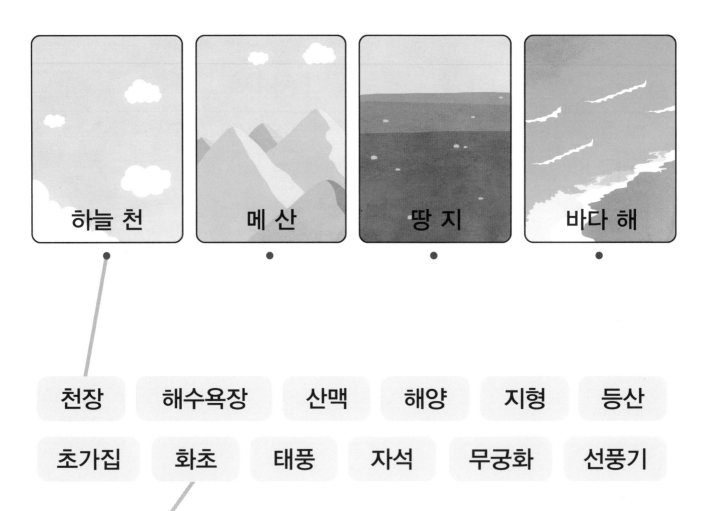

하늘 천   메 산   땅 지   바다 해

천장   해수욕장   산맥   해양   지형   등산

초가집   화초   태풍   자석   무궁화   선풍기

꽃 화

풀 초

바람 풍

돌 석

아래의 단어에 공통으로 들어가는 글자에 ◯표 하고, 뜻과 소리를 적어 보세요.

소유	고유
유효	유익

→

있을	유

장점	장기
교장	연장

→

불가능	불안
불만	불편

→

단점	단기
단편	단축

→

확대	대중
대회	대학교

→

다문화	다양
다수	다정

→

소수	소아
소형	소품

→

협동	동지
동점	동의

→

아래의 미로에서 '색'과 관련된 단어만 지나, 목적지에 도착해 보세요.

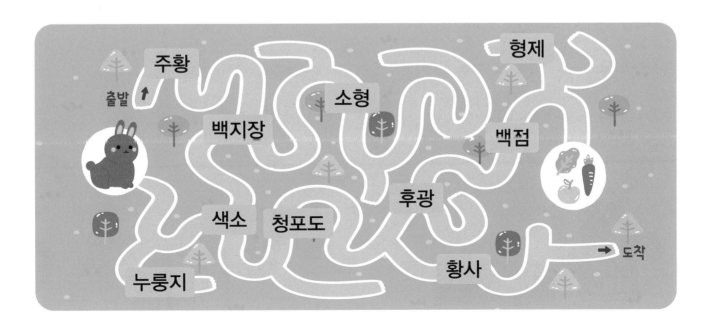

찾아보기 가나다

빛 **광**	후광 | 광복 | 관광 | 광택	118
많을 **다**	다문화 | 다양 | 다수 | 다정	104
짧을 **단**	단점 | 단기 | 단편 | 단축	100
큰 **대**	확대 | 대회 | 대중 | 대학교	88
움직일 **동**	동물 | 동작 | 동영상 | 운동	36
한가지 **동**	협동 | 동지 | 동점 | 동의	108
흰 **백**	공백 | 백지 | 백설 | 백로	122
아닐 **불**	불가능 | 불안 | 불편 | 불만	84
메 **산**	등산 | 산촌 | 산맥 | 산림	42
위 **상**	정상 | 이상 | 해상 | 상류	8
빛 **색**	색종이 | 색연필 | 색칠 | 색상	114
돌 **석**	자석 | 구석기 | 화석 | 석탑	74
작을 **소**	소수 | 소아 | 소형 | 소품	92
있을 **유**	소유 | 고유 | 유효 | 유익	80
들 **입**	입학 | 출입 | 입장 | 수입	32

길 **장**	장점 | 장기 | 교장 | 연장	96
앞 **전**	전진 | 전반 | 오전 | 이전	20
왼 **좌**	좌회전 | 좌측 | 좌우 | 좌충우돌	16
땅 **지**	지진 | 지도 | 지명 | 지형	50
하늘 **천**	천체 | 천사 | 천연 | 천장	46
푸를 **청**	청자 | 청춘 | 청바지 | 청동	126
풀 **초**	초원 | 초식 | 초가집 | 약초	58
날 **출**	출발 | 배출 | 출산 | 출석	28
평평할 **평**	평야 | 공평 | 수평 | 평범	66
바람 **풍**	선풍기 | 풍차 | 풍력 | 태풍	70
아래 **하**	낙하 | 하류 | 이하 | 지하	12
바다 **해**	항해 | 해수욕 | 해산물 | 해외	54
꽃 **화**	화분 | 생화 | 국화 | 화단	62
누를 **황**	황사 | 황토 | 주황 | 황도	130
뒤 **후**	후진 | 최후 | 후식 | 후배	24

정답

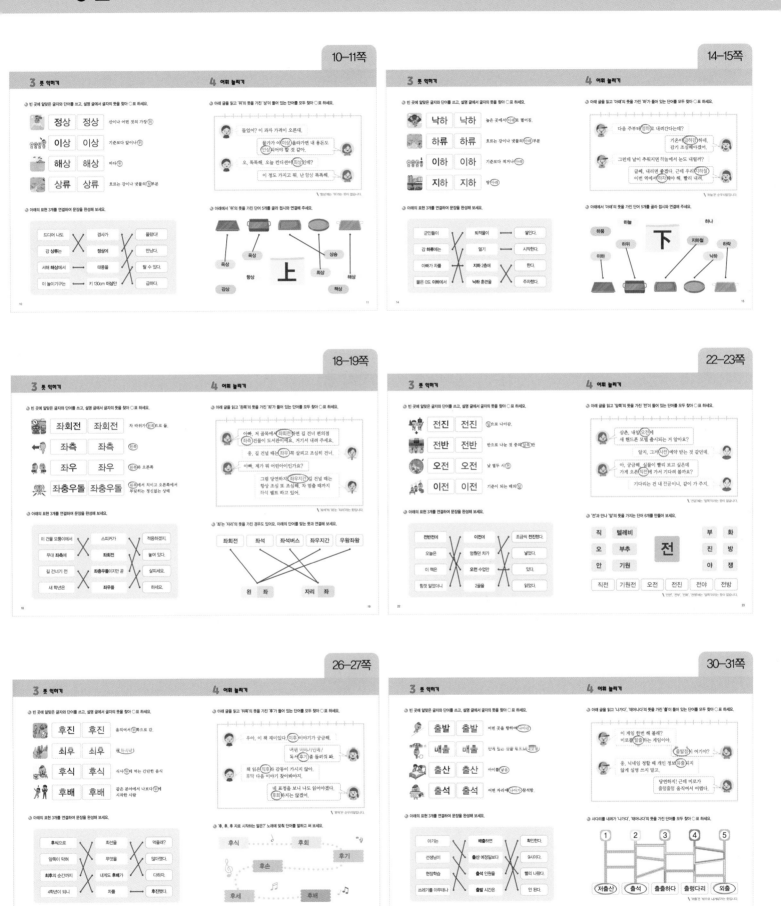

정답

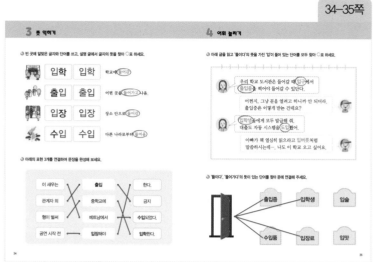

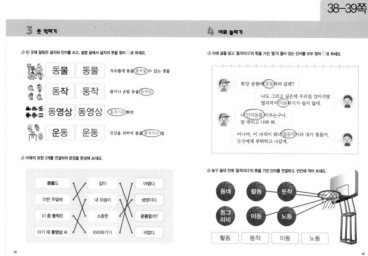

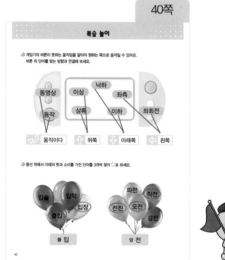

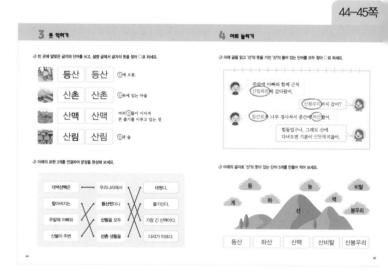

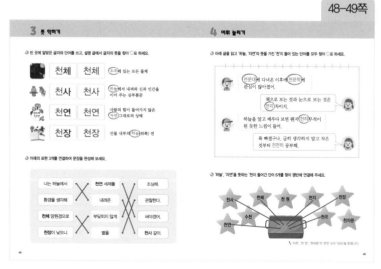

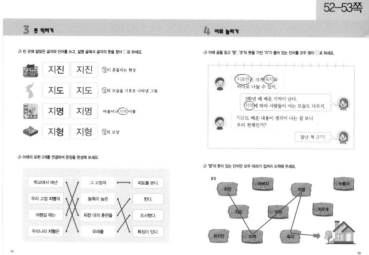

140

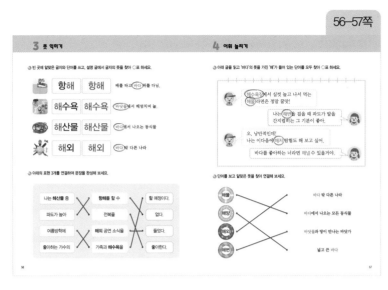

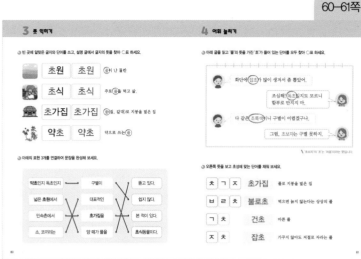

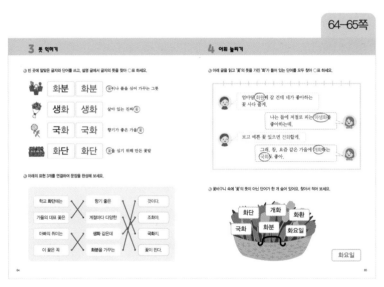

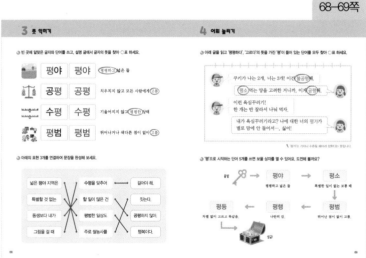

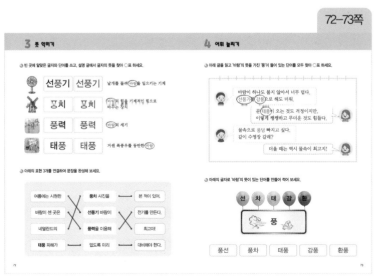

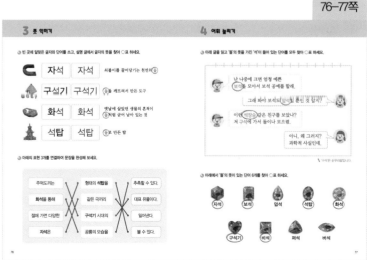

정답

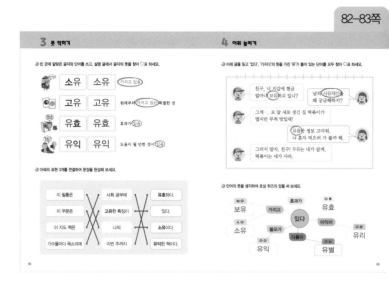

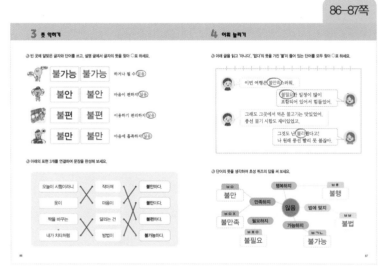

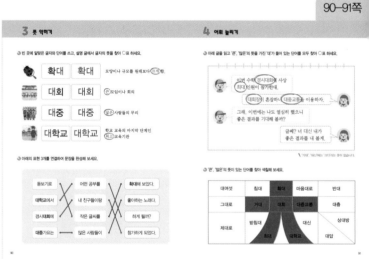

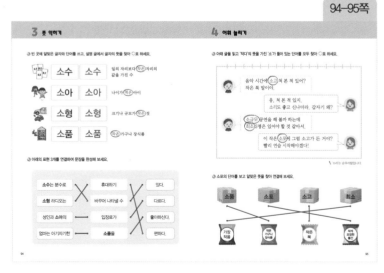

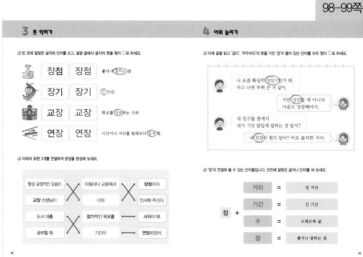

102–103쪽

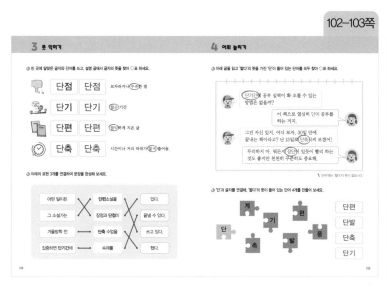

106–107쪽

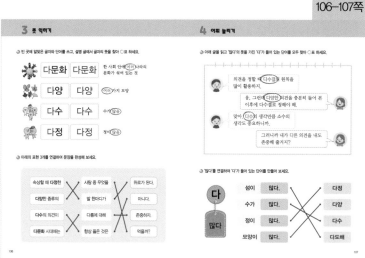

110–111쪽

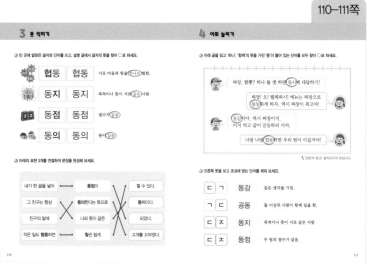

112쪽

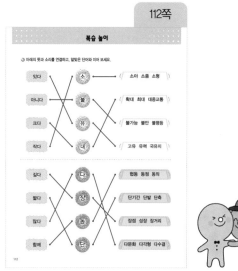

116–117쪽

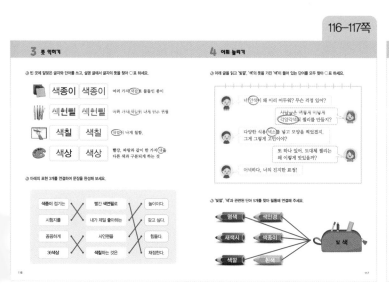

120–121쪽

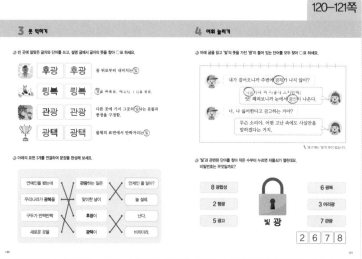

정답

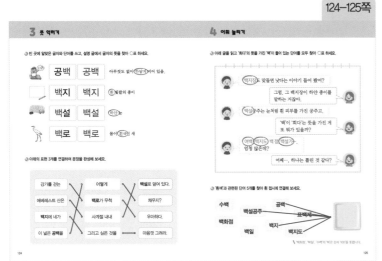

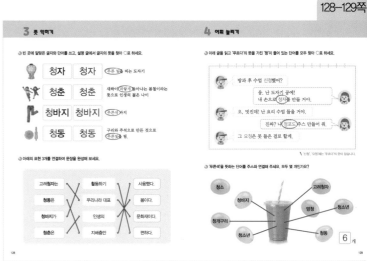

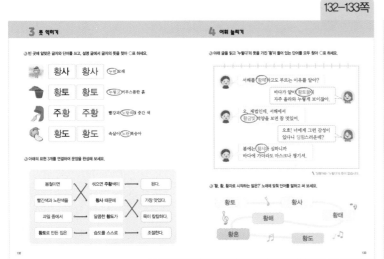

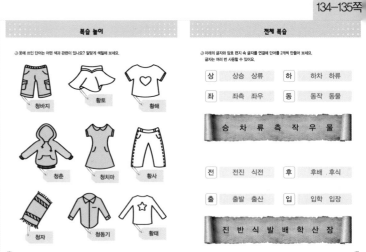

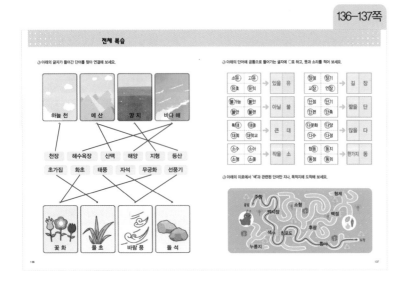